Venedig

Christoph Hennig

Inhalt

Benvenuti! *4*
Geschichte *10*

Gut zu wissen! *12*

Sprachführer *14*

Service-Infos und wichtige Adressen *16*

Zu Gast in Venedig *20*

Hotels *22*

Essen & Trinken *30*

Shopping *44*

Nightlife *48*

Kultur & Unterhaltung *52*

Freizeit & Fitness *56*

Sightseeing *58*

Ausflüge ins Umland *78*

Extra-Touren *82*

Extra-Tour 1 *84*
Venedig – Hier spielt die Musik

Extra-Tour 2 *86*
Städtische Plätze

Extra-Tour 3 *88*
Juden in Venedig

Extra-Tour 4 *90*
Murano – Die Insel des Glases

Extra-Tour 5 *92*
Gondeln, Mode, Masken – Eine Einkaufstour

Impressum/Fotonachweis *94*
Register *95*

Benv

Keine Stadt der Welt hat die Fantasie der Menschen mehr beschäftigt als Venedig. Die einstige ›Königin der Adria‹ gilt als Ort der Liebe und der Dekadenz, der strahlenden Schönheit und des Todes, der rauschenden Feste und der fauligen Kanäle. Aber hinter den unvermeidlichen Klischees hat sich Venedig – allen Untergangsprophezeiungen zum Trotz – einzigartig und faszinierend erhalten.

enuti!

Eine Stadt von fast unwirklicher *bellezza,* ganz auf dem Wasser erbaut und dabei auf Millionen in den Meeresschlamm gerammter Eichenpfähle doch fest gegründet. Seit nunmehr 1000 Jahren kommen die Fremden in die Lagunenstadt, und sie sind traditionell herzlich willkommen. Denn wie es früher auf den Handel angewiesen war, so lebt Venedig heute vom Fremdenverkehr.

Venedig
"Stadt der Gondeln"

Venedig war immer eine kosmopolitische und tolerante Stadt. Schon vor vielen Jahrhunderten bewegten sich wie heute Menschen aus aller Welt auf dem Markusplatz und der Rialto-Brücke, und die Venezianer griffen Anregungen von überallher auf. Man braucht sich nur die Markuskirche anzuschauen: Orientalische Kuppeln wölben sich über romanischen Skulpturen, griechische Kunstwerke stehen neben syrischen und byzantinischen. Eine unglaublich farbige, vielfältige Welt tut sich auf – und diese Farbigkeit hat ihren Ursprung in der Offenheit für fremde Einflüsse. Venedig war ein Schmelztiegel der Kulturen wie heute New York oder Paris.

Neben dem großartigen, dem bekannten und internationalen Venedig existiert aber auch die provinzielle Atmosphäre der Stadtviertel, in denen jeder jeden kennt und wo man sich regelmäßig im *bácaro,* der Weinkneipe, zu einem Gläschen trifft. Immer wieder ist ja davon die Rede, Venedig sei völlig von Touristen überlaufen, es habe sich gleichsam an den Fremdenverkehr verkauft. Gewiß, die Fremden sind in der Lagunenstadt überall gegenwärtig. Aber das venezianische Eigenleben läuft fast unberührt davon weiter. Um einen Eindruck davon zu gewinnen, braucht man sich nur ein wenig vom Markusplatz oder der Rialto-Brücke zu entfernen. Dann sieht man auf dem Platz vor S. Pietro di Castello die jungen Mütter miteinander plaudern, während ihre Kinder zusammen spielen; oder man gelangt in eine unscheinbare Bar, wo im Halbdunkel die Pensionäre *ombra* trinken – wie das Glas Wein in Venedig heißt – und die letzten Fußballergebnisse kommentieren.

Das Leben hier ist keine Idylle: Viele Wohnungen befinden sich in einem heruntergekommenen Zustand, manche sind feucht, und die Mieten liegen höher als in jeder anderen italienischen Stadt. Daneben gibt es auch edel restaurierte, prunkvolle Apartments, doch die haben für Normalbürger unerschwingliche Preise. Sie dienen einer kleinen Oberschicht oder werden, häufiger, von wohlhabenden Auswärtigen – Italienern wie Ausländern – als Ferienwohnung genutzt. Das Wohnungsproblem ist die Hauptursa-

Benvenuti

Venedig: Immer wieder eine faszinierende Silhouette

che dafür, daß immer mehr Menschen die Lagunenstadt verlassen: Einst lebten hier mehr als 150 000 Menschen, heute sind es gerade noch 70 000 – bei sinkender Tendenz. Aber trotz aller Schwierigkeiten hängen viele Einheimische an ihrer Stadt wie der Kommissar Guido Brunetti aus Donna Leons Kriminalromanen, den immer wieder ein unerklärliches Glücksgefühl überkommt, wenn er durch die vertrauten Gassen spaziert.

Das Geheimnis der Stadt auf dem Wasser hat die Reisenden immer fasziniert. Noch heute wirkt Venedig – hier ist die abgegriffene Phrase wirklich am rechten Platz – wie eine Stadt aus dem Traum. Viele Bilder hat man schon vor der Reise gesehen, vieles wirkt bekannt, wenn man in Venedig ankommt. Aber die Allgegenwart des Wassers und das Fehlen des Autoverkehrs bringt den Besucher in eine ›irreale‹ Welt, eine märchenhafte Atmosphäre. Wo sonst hört man solche Geräusche? Das Glucksen der Wellen, die nachhallenden Schritte der Fußgänger, Stimmen aus einer Wohnung – alle diese Töne nehmen, ungestört durch Motorenlärm, einen ganz anderen Raum ein als in der gewohnten Umgebung. Und auch die *palazzi,* die Häuser, Brücken und Kirchen scheinen aus einer Traumwelt zu stammen.

Doch diese Traumwelt entstand auf handfesten Grundlagen. Jahrhundertelang häuften die venezianischen Kaufleute und Bankiers mit untrüglichem Geschäftssinn enormen Reichtum an. Kein europäisches Land – weder England noch Frankreich, Spanien oder Deutschland – hatte im 15. Jh. einen so großen Staatshaushalt wie die Lagunenstadt. Auf den 3300 Schiffen der venezianischen Handelsflotte waren rund 25 000 Seeleute beschäftigt, in der Tuchindustrie und auf den Werften arbeiteten mehr als 30 000 Menschen. Die städtische Oberschicht war für damalige Verhältnisse unglaublich reich. Rund 1000 Angehörige der Aristokratie nahmen jährlich allein aus Zinsen zwischen 700 und 4000 Dukaten ein (zum Vergleich: die Errichtung eines repräsentativen *palazzo* kostete damals rund 3000 Dukaten.) Ein guter Teil dieser Vermögen wurde zur Verschönerung der Stadt und Förderung der Kunst investiert. So

Schwatzende Frauen in einem Gäßchen, ausgelassen spielende Kinder an einem Piazza-Brunnen oder ein kleiner Plausch unter Kollegen – Venedig hat viele Gesichter

gab es in Venedig ideale Bedingungen für die Herausbildung eines städtischen Gesamtkunstwerks.

Die Venezianer waren klug genug, dafür auch auswärtige Künstler und Handwerker heranzuziehen. Viele Bauwerke wurden von toskanischen und lombardischen Architekten entworfen. Auf einem Gebiet allerdings brauchte Venedig keine fremde Unterstützung: In der Malerei nahm es immer eine führende Stellung ein. Von Bellini, Giorgione, Tizian und Veronese bis zu Tiepolo und Canaletto brachte die Stadt große Virtuosen der Farbe hervor. Manche Maler, wie Tizian und Tiepolo, waren schon zu Lebzeiten ›Stars‹ der internationalen Kunstszene und erhielten viele Aufträge aus dem Ausland. Alle venezianischen Maler haben aber in ihrer Heimatstadt Hauptwerke hinterlassen. In zahlreichen Kirchen und in den ›Scuole‹ kann man die leuchtenden Bilder bewundern. Die schönste Sammlung befindet sich im Museum der Accademia.

Doch Venedig ist auch eine Stadt der Musik und der Literatur. Vivaldi, Scarlatti, Tschaikowsky, Richard Wagner, Strawinsky und viele andere haben hier komponiert. Im 18. Jh. gab es fünf Musiktheater, darunter das ›San Cassiano‹, das älteste öffentlich zugängliche Opernhaus der Welt. Heute ertönt auf den Kanälen eher neapolitanische als venezianische Musik – die amerikanischen und japanischen Gäste möchten von den Gondelsängern »O sole mio« hören. Aber in den Kirchen und hoffentlich bald auch wieder in der 1996 niedergebrannten Oper ›La Fenice‹ kann man noch immer Venedig als Musikstadt erleben.

Unübersehbar ist die Zahl der Schriftsteller, die Venedig zu ihrem

Benvenuti

Thema machten, von Thomas Mann über Ernest Hemingway bis zu Patricia Highsmith. Seit dem 19. Jh. entwickelt sich in der Literatur das Motiv der Dekadenz. Filme wie »Tod in Venedig« oder »Wenn die Gondeln Trauer tragen« haben das düstere Image noch verstärkt. Aber Venedig widerstand bislang zum Glück allen Untergangsprophezeiungen, obwohl das ökologische Gleichgewicht der Lagune schwer gestört ist: In den letzten 100 Jahren wurde rund ein Drittel ihrer Fläche trockengelegt oder zubetoniert – für Landwirtschaft, Hafenausbau, neue Industrieanlagen und die Parkplatz-Insel Tronchetto; gleichzeitig baggerte man tiefe Fahrrinnen für Öltanker aus, die das neue Industriegebiet Marghera erreichen sollten. Das alles hat die Strömungsverhältnisse in der Lagune durcheinandergebracht und führt zum immer häufigeren Auftreten des Hochwassers, bei dem man sich in Venedig nur noch mühevoll in Gummistiefeln oder auf hölzernen Stegen bewegen kann. Die Experten streiten darüber, wie man der *acqua alta* wirkungsvoll begegnen kann. Immerhin wurden in den letzten Jahren wichtige Schritte zum Schutz Venedigs unternommen. Stück für Stück legt man einzelne Kanäle trocken und befreit sie von Schlick und Morast, die mit ihren Schadstoffen an den Fundamenten der Bauten nagen.

Ob Venedig die möglichen ökologischen Katastrophen der Zukunft überlebt, weiß niemand. Vorerst besteht es noch im alten Glanz, zur großen Freude der vielen Millionen Besucher aus aller Welt. Dennoch ist Venedig noch lange nicht ›zu Tode geliebt‹. Am Tourismus geht diese angeblich dem Untergang geweihte Stadt jedenfalls nicht zugrunde. Sie lebt mit den Reisenden und von den Reisenden – und wir Fremden leben glücklich mit ihr.

Geschichte

Der »Mund der Wahrheit«

421	Legendäres Gründungsdatum. Die Einwohner von Küstenstädten der Adria besiedeln auf der Flucht vor den Westgoten erstmalig die Lagune.
452 und 568	Hunnen- und Langobardeneinfälle in Norditalien führen zu neuen Siedlungswellen in der Lagune.
727–37	Regierungszeit des Orso Ipato, des ersten frei gewählten Dogen der Lagunensiedlung.
800–1000	Starker wirtschaftlicher Aufschwung. Handel mit Seide, Gewürzen, Kunsthandwerk aus dem östlichen Mittelmeerraum, aber auch mit Öl aus Istrien und Salz aus der Lagune. 827 wird die Insel Olivolo – heute S. Pietro in Castello – zum Bischofssitz. 828 bringen venezianische Kaufleute die Gebeine des hl. Markus aus Alexandria nach Venedig.
1080	Die Venezianer verhindern das Vordringen der Normannen im östlichen Mittelmeerraum. Als Dank verleiht Alexios I. von Byzanz Handelsprivilegien.
1202–1204	Im vierten Kreuzzug Eroberung und Plünderung von Konstantinopel unter venezianischer Führung. Venedig erlangt die Herrschaft über große Teile der griechischen Westküste und der Ägäis.
1380	Venedig besiegt Genua und sichert sich damit endgültig die Herrschaft im adriatischen Raum.
1423–1457	Größte territoriale Ausdehnung unter dem Dogen Francesco Foscari.

Geschichte

1492 und 1498	Mit der Entdeckung der Seewege nach Amerika und Indien und Verlagerung der internationalen Handelsströme beginnt ein allmählicher wirtschaftlicher Niedergang.
1508	Kämpfe zwischen Venedig und der ›Liga von Cambrai‹ (Habsburg, Spanien, Frankreich und Papst). Durch diplomatisches Geschick behält die Stadt ihre Territorien.
1517–1571	Venedig verliert Rhodos, Zypern und zahlreiche griechische Inseln an die Türken.
1576 und 1630	Verheerende Pestepidemien.
1669	Eroberung Kretas durch die Türken.
1718	Frieden von Passarowitz. Venedig verzichtet auf Ländereien in Dalmatien und Griechenland.
1797–1866	Einmarsch Napoleons und Abdankung des letzten Dogen. Nach dem Wiener Kongreß gehört Venedig zum Habsburgerreich. Ein Aufstand gegen die Fremdherrschaft 1848/49 bleibt erfolglos. 1866 Vereinigung mit dem Königreich Italien.
1920–1940	Bau des Industriegebiets Marghera, das nach dem Zweiten Weltkrieg stark ausgeweitet wird.
1932	Erste Filmbiennale auf dem Lido.
1966	Eine Flutkatastrophe führt zu massiver Kritik an dem ökologisch verantwortungslosen Umgang mit der natürlichen Umgebung der Stadt. Gründung internationaler Hilfsfonds, erste Beschränkungen des unkontrollierten Wachstums der Industrie.
1993	Bei den Kommunalwahlen wird der Repräsentant der linken Parteien, der Philosoph Massimo Cacciari, zum Bürgermeister gewählt.
1995/1996	Beginn der Reinigungsarbeiten an den Kanälen und Häuserfundamenten. Die Kanäle rund um das historische Opernhaus ›La Fenice‹ werden trockengelegt. Im Januar 1996 brennt die Oper nieder, vermutlich durch Brandstiftung.
1997	Wiederwahl des Bürgermeisters Massimo Cacciari mit 64,6 % der Stimmen.

Gut zu wissen!

Enge Gassen: Eines der größten Probleme, die das Alltagsleben des Venezianers behindern, ist die Verstopfung der Wege durch die vielen Besucher. In den engen Gassen entsteht schnell ein ›Verkehrsstau‹, selbst wenn nur drei oder vier Personen den Durchgang blockieren. Man sollte also darauf achten, daß Passagen für den Durchgang freibleiben, wenn man verzückt Schaufensterdekorationen oder Kirchenportale bestaunt oder im Gespräch an einer besonders schönen Stelle stehenbleibt. Die Einheimischen sind dafür dankbar!

Kassenzettel: Immer wieder verblüffend – bei jedem Einkauf, und sei es nur ein Apfel oder ein Bleistift, wird dem Kunden ein *scontrino*, ein Kassenzettel, aufgedrängt. Die italienischen Gesetze erlauben einen Verkauf ohne Steuerquittung nur in wenigen Ausnahmefällen (z. B. bei Briefmarken und Zigaretten). Mit den strengen Vorschriften soll der Steuerhinterziehung ein Riegel vorgeschoben werden. Der Erfolg ist zweifelhaft, doch bei Verstößen erhebt die Polizei drastische Bußgelder. Die können auch die Kunden treffen: Sie sind verpflichtet, ihren *scontrino* beim Verlassen des Ladens aufzubewahren und frühestens in 150 m Entfernung fortzuwerfen. In Restaurants und Hotels tritt an die Stelle des *scontrino* die ausführlichere *ricevuta*. Risikofreudige Wirte lassen die Gäste oft ohne Quittung ziehen; aber da man als Kunde mitverantwortlich gemacht werden kann, sollte man auf eine *ricevuta* bestehen.

Kleidung: Italiener sind temperamentvoll, aber sie legen zugleich Wert auf elegante Formen. Das gilt vor allem für die Kleidung. Als äußerst unfein gilt es in Italien, in Badekleidung in der Stadt herumzulaufen oder Restaurants (außer Strandcafés) aufzusuchen. In Venedig werden dafür sogar Bußgelder verhängt! In Kirchen sind die Kleidervorschriften besonders streng, vor allem für Frauen. Shorts und schulterfreie Blusen werden meist nicht gern gesehen. Man sollte diese Regeln mit Rücksicht auf die Einheimischen respektieren, selbst wenn man nicht damit einverstanden ist.

Sicherheit: Venedig ist eine friedliche Stadt mit wenig Kriminalität. Wie überall, wo viele Touristen verkehren, sollte man sich dennoch im Gedränge – vor allem auf den oft überfüllten Booten – vor Taschendieben vorsehen. Stellt man das Auto auf der Parkplatzinsel Tronchetto ab, sollte man möglichst alle Wertsachen aus dem Wagen räumen und das Autoradio ausbauen.

Taxis: Die Taxis sind in Venedig logischerweise Boote. Konsequenz: Jede Taxifahrt wird zum Luxus. Man kann sich nicht mal eben für

Gut zu wissen

Orientierung

In Venedig verläuft man sich schnell, aber die gelben Hinweisschilder zu S. Marco, Rialto, Accademia, Ferrovia (Bahnhof) und Piazzale Roma, auf die man überall stößt, helfen, wieder auf den rechten Weg zu gelangen. Schwieriger ist es, bestimmte Adressen zu finden: Die Postanschrift ist zur Orientierung ungeeignet, denn sie nennt nur den Stadtteil und die Hausnummer. In jedem der sechs Stadtteile (S. Marco, Castello, Dorsoduro, Cannaregio, S. Croce und S. Polo) werden die Häuser aber durchlaufend gezählt, haben also meist Tausender-Nummern! Für Fremde ist das System völlig undurchschaubar. Man sollte daher möglichst neben der offiziellen Anschrift (wie ›Cannaregio 5550‹) auch den Namen der jeweiligen Gasse (z. B. ›Salizzada S. Canciano‹) kennen. Aber Vorsicht: Viele Straßennamen existieren in Venedig mehrfach, für sich allein sind sie also auch nicht ausreichend! In diesem Buch werden bei Adressen jeweils Stadtteil, Hausnummer und Straße angeführt. Der österreichische Schriftsteller Fritz von Herzmanowsky-Orlando hat behauptet, das rege Straßenleben in Venedig komme von den ›vielen Verirrten‹: »Immer wieder habe ich selbst Eingeborene der Lagunenstadt – darunter Briefträger und Polizisten oder städtische Ingenieure mit Meßlatten – wehklagend vor Madonnenbildern gefunden: falsche Scham verbot diesen Unglücklichen, Auskünfte über den Weg einzuholen...«

20 DM ins Hotel fahren lassen, sondern muß immer mit relativ hohen Kosten rechnen! Vor der Fahrt sollte man unbedingt den Preis in Erfahrung bringen, sonst ist man vor unangenehmen Überraschungen nicht sicher. Auch nachts ist man nicht unbedingt auf Taxis angewiesen, denn Linienschiffe verkehren im Stadtgebiet bis in den frühen Morgen.

Trinkgelder: Trinkgelder in Restaurants und Hotels sind zwar nicht unerläßlich, aber üblich. Der normale Satz beträgt im Restaurant etwa 5% des Rechnungsbetrags. Das Aufrunden mit »Stimmt so!« ist nicht gebräuchlich; man läßt das Geld beim Weggehen auf dem Tisch liegen. Mit Minibeträgen (unter 500 Lit.) macht man einen kleinlichen Eindruck. Es ist ›vornehmer‹, gar nichts zu geben, als drei Hunderter-Münzen zurückzulassen! Das gilt auch bei anderen Dienstleistungen.

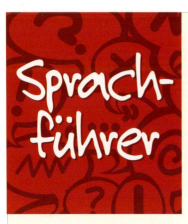

Die Aussprache italienischer Wörter ist verhältnismäßig einfach. Im Regelfall wird auf der vorletzten Silbe betont. Die Aussprache entspricht der Schreibweise, mit folgenden Ausnahmen: C und g werden vor i und e als ›tsch‹ bzw. ›dsch‹ gesprochen (also *Cina* = ›Tschina‹, *Giorgio* = ›Dschordscho‹, vor *a*, *o*, *u* und *h* als k bzw. g (also *Chianti* = ›Kianti‹). *Gn* und *gl* werden wie ›nj‹ bzw. ›lj‹ gesprochen (also *gnocchi* = ›njokki‹, *maglia* = ›malja‹). Der Buchstabe *h* wird nicht ausgesprochen (*ha* = ›a‹). Doppelvokale (Diphtonge) sind getrennt zu sprechen (*polizia* = ›polizi-a‹, *automatico* = ›a-utomatico‹).

Besichtigungen

Ausstellung	mostra
Eintritt	ingresso
Öffnungszeit	orario di apertura
Ruhetag	giorno di chiusura

Einkaufen

Ausverkauf	saldi
bar	in contanti
Geschäft	negozio
Größe (Kleidung, Schuhe)	misura
Kleidung	abbigliamento
Kreditkarte	carta di credito
Lebensmittelgeschäft	(negozio di) alimentari
Leder	cuoio
Quittung	ricevuta
Rabatt	sconto
Scheck	assegno
Schuhe	scarpe
Straßenkarte	carta stradale

Notfälle/Krankheiten

Apotheke	farmacia
Arzt	medico
Entzündung	infezione
Erste Hilfe	pronto soccorso
Feuerwehr	vigili del fuoco
Fieber	febbre
Notfall	situazione di emergenza
Schmerzen	dolori
Unfall	accidente
Wunde	ferita
Zahnarzt	dentista

Post

Brief	lettera
Briefkasten	buca delle lettere
Briefmarke	francobollo
Postamt	ufficio postale
Postkarte	cartolina
Telefonbuch	elenco telefonico
Telefonkarte	scheda telefonica

Straßen-/Flugverkehr

Abfahrts-/Ankunftszeit	orario di partenza/arrivo
bleifrei	senza piombo
Fahrkarte	biglietto
Fahrplan	orario
Führerschein	patente
Gepäckaufbewahrung	deposito bagagli
Hin- und Rückfahrt	andata e ritorno

Sprachführer

Die wichtigsten Sätze

Buon giorno.	Guten Tag/ Auf Wiedersehen.
C'è un bagno, per favore?	Gibt es eine Toilette, bitte?
C' è posto?	Gibt es Platz?
Come va? Bene, grazie.	Wie geht' s? Danke, gut!
Da dove viene?	Woher kommen Sie?
Dov' è…?	Wo ist…?
È ottimo (eccellente).	Es ist ausgezeichnet.
Ho prenotato.	Ich habe vorbestellt.
Il conto, per favore.	Die Rechnung bitte.
Non ho capito.	Ich habe nicht verstanden.
Non parlo italiano.	Ich spreche kein Italienisch.
Parla tedesco (inglese, francese)?	Sprechen Sie Deutsch/Englisch/Französisch?
Posso telefonare?	Kann ich telefonieren?
Quando apre (chiude)…?	Wann öffnet (schließt)…?
Quanto costa?	Wieviel kostet es?
Scusi!	Entschuldigung!
Vorrei…, per favore…	Ich möchte bitte…

Parkplatz	parcheggio
Raststätte	area di servizio
Tankstelle	stazione di servizio
Wagenpapiere	libretto, documenti

Unterkunft

absagen	disdire
Adapter	adattore
Anzahlung	caparra
(mit/ohne) Bad	(con/senza) bagno
Bett	letto
Doppelzimmer	camera doppia
Dusche	doccia
Einzelzimmer	camera singola
Gepäck	bagagli
Heizung	riscaldamento
Hotel	albergo, hotel
Jugendherberge	ostello per la gioventù
Klimaanlage	aria condizionata
reservieren	prenotare

Zahlen

1	uno	25	venticinque
2	due	26	ventisei
3	tre	27	ventisette
4	quattro	28	ventotto
5	cinque	29	ventinove
6	sei	30	trenta
7	sette	40	quaranta
8	otto	50	cinquanta
9	nove	60	sessanta
10	dieci	70	settanta
11	undici	80	ottanta
12	dodici	90	novanta
13	tredici	100	cento
14	quattordici	200	duecento
15	quindici	300	trecento
16	sedici	400	quattroce.
17	diciassette	500	cinquece.
18	diciotto	600	seicento
19	diciannove	700	settecento
20	venti	800	ottocento
21	ventuno	900	novecento
22	ventidue	1000	mille
23	ventitre	2000	duemila
24	ventiquattro	Million	milione

Reise-Service

Auskunft

Informationen und Prospekte erhält man beim Staatlichen Italienischen Fremdenverkehrsamt (ENIT):

...in Deutschland
Karl-Liebknecht-Str. 34
10178 Berlin
Tel. 030/247 83 97
Fax 030/247 83 99

Kaiserstr. 65
60329 Frankfurt/Main
Tel. 069/23 74 34
Fax 069/23 28 94

Goethestr. 20
80336 München
Tel. 089/53 13 17
Fax 089/53 45 27

...in Österreich
Kärtnerring 4
1010 Wien
Tel. 01/505 43 74
Fax 01/505 02 48

...in der Schweiz
Uraniastr. 32
8001 Zürich
Tel. 01/211 36 33
Fax 01/211 38 85

Informationen vor Ort:
Schriftliche Auskünfte:
Azienda di Promozione Turistica
Castello 4421
30122 Venezia
Fax 0039/04 15 23 03 99

Informationsbüros:
S. Marco (B 3, Bootsanlegestelle der Linie 1) Tel. 04 15 22 63 56;
Bahnhof (Ferrovia),
Tel. 04 15 29 87 27;
Lido (Viale S. Maria Elisabetta 6/A), Tel. 04 15 26 57 21; Flughafen Marco Polo, Tel. 04 15 41 58 87.

...im Internet
Weitere Informationen über Venedig finden Sie auch über DuMont: http://www.dumontverlag.de

Reisezeit

Venedig kann man ganzjährig bereisen. Auch im Winter gibt es Schönwetterperioden mit milden Temperaturen, und bei Kälte und Regen stehen ja immer Kirchen, Museen und Cafés offen. Allerdings trifft auch zu: »Venedig kann sehr kalt sein« – wie ein Krimi der amerikanischen Autorin Patricia Highsmith behauptet. Frost ist zwar verhältnismäßig selten (durchschnittliche Tageshöchsttemperatur im Jan. 6 °C, im Feb. 8 °C), aber die Feuchtigkeit der Lagune zieht bei niedrigen Temperaturen in die Knochen! Der große Vorteil des Winterhalbjahrs: Außer in den Weihnachtsferien und während des Karnevals ist der Touristenandrang gering, und die Hotelpreise sind vielfach erheblich niedriger.

Kurz vor Ostern geht der Reisebetrieb los, es wird wärmer (durchschnittliche Tageshöchsttemperatur im April 17 °C, im Mai 21 °C), allerdings gibt es im April und Mai laut Statistik mehr Regentage (8–9 im Monat) als im Jan.! An Ostern und an den Wochenenden um den 25. April (Nationalfeiertag) und 1. Mai ist Venedig völlig überlaufen. Im Juni wird es ruhiger; Juli und August gelten in den meisten venezianischen Hotels sogar als Nebensaison, denn die Hitze (durchschnittliche Höchsttemperaturen um 28 °C) hält Besucher fern. Im Sommer kommen allerdings viele Tagesausflügler von den nahegelegenen Badeorten der Adria und vom Gardasee in die Stadt.

Reise-Service

Sept. und Okt. haben meist noch sehr angenehme Temperaturen, kein Wunder also, daß sie zu den besonders beliebten Reisemonaten gehören.

Auch der November ist oft noch vergleichsweise mild (die durchschnittliche Tageshöchsttemperatur liegt bei 12 °C). Anfang Dezember senkt sich Winterruhe über die Stadt, die dann nur von den Weihnachtstagen unterbrochen wird.

Einreise

Österreicher und Deutsche können dank aufgehobener Grenzkontrollen zwar ohne Ausweis nach Italien einreisen, müssen diesen aber als Touristen im Land stets bei sich führen und benötigen ihn z. B. bei jeder Hotelbuchung. Autofahrer brauchen den nationalen Führerschein und den Kfz-Schein. Die Mitnahme der internationalen grünen Versicherungskarte ist nicht vorgeschrieben, aber empfehlenswert.

Zollbestimmungen: Die Einfuhr von Waren aus Mitgliedstaaten der EU nach Italien bzw. die Ausfuhr aus Italien in Mitgliedsstaaten wird in der Regel nicht mehr kontrolliert. Stichproben sind möglich. Wer Gegenstände für den eigenen Bedarf ein- oder ausführt, der kann dies zollfrei tun, solange er den ›Eigenbedarf‹ nachvollziehbar erklären kann.

Ware, die zollfrei eingekauft wurde, muß versteuert werden. Hier gelten ebenso wie für Schweizer Staatsbürger noch die alten Richtwerte: Frei ein- bzw. ausgeführt werden dürfen: maximal 200 Zigaretten, 1 l Spirituosen oder 2 l Wein pro Person.

Anreise

Mit der Bahn

Direkte Verbindungen nach Venedig existieren von München, Basel, Bern, Zürich, Innsbruck, Wien. Aufgrund der niedrigen italienischen Fahrpreise ist die Bahnanreise preisgünstig (einfache Fahrt München – Venedig bzw. Wien – Venedig incl. EC-Zuschlag rund 110 DM, Basel – Venedig 150 DM). Die Fahrzeit beträgt ab München und Basel jeweils 7 Std., ab Wien 8 Std.

Mit dem Auto

Aus dem südwestdeutschen Raum und der Schweiz führt die Strecke über Gotthard, Mailand, Verona (ab Basel 600 km), aus Bayern über Innsbruck, Brenner, Verona (ab München 550 km), ab Wien über Graz, Villach, Udine (580 km). Autoreisezüge verkehren im Sommerhalbjahr von Hamburg, Hannover, Dortmund, Köln und Neu Isenburg nach Verona.

Autobahnen sind in Italien gebührenpflichtig (rund 10 DM für 100 km). Die Benzinpreise liegen höher als in Deutschland (Diesel rund 1,50 DM, bleifrei und Super rund 2 DM).

Parken: Man kann den Wagen am Piazzale Roma (bewachte Parkhäuser) und auf der Insel Tronchetto (unbewachter Parkplatz) abstellen. Die ›Garage comunale‹ am Piazzale Roma verlangt weniger (30 000 Itl. für 24 Std.) als die ›Garage S. Marco‹ (46 000 Itl. für 24 Std.). In beiden zahlen Kleinwagen etwa ein Drittel weniger.

Günstiger parkt man in Mestre (häufige Zugverbindungen nach Venedig, Fahrzeit 10 Min.). Auf

Reise-Service

dem bewachten Parkplatz ›Serenissima‹ direkt am Bahnhof Mestre (Viale Stazione 10) zahlt man 8000 Itl. am Tag. Wundern Sie sich nicht, wenn man Sie um Ihre Wagenschlüssel bittet, um das Auto ggf. während Ihrer Abwesenheit umparken zu können.

Mit dem Flugzeug

Direktflüge nach Venedig starten von Frankfurt, Düsseldorf, München, Zürich und Wien. Von allen anderen Flughäfen gibt es Verbindungen über Frankfurt, München oder Mailand. Kosten für Hin- und Rückflug mit dem Flieg- und Spartarif (Herbst 1998): von Hamburg 580 DM, Berlin 580 DM, Frankfurt 540 DM, München 490 DM, Zürich 380 sFr, Wien 3000 öS.

Vom Flughafen ›Marco Polo‹ am Nordrand der Lagune erreicht man mit halbstündlich verkehrenden Linienbussen den Stadtrand (Piazzale Roma) in rund 20 Min. (Preis 1500 Itl.; mit dem Taxi: 50 000 Itl.). Direkt ins Zentrum (Markusplatz) gelangt man mit den Linienbooten des Wassertaxis (stündliche Abfahrten, Fahrtzeit 1 Std. 10 Min., Preis 17 000 Itl.) oder mit dem praktischen – allerdings sehr teuren – Taxiboot (150 000 Itl.).

Öffentlicher Nahverkehr

Linienboote (vaporetti)

Von den 12 Bootslinien werden die ›1‹ und die ›82‹ von den Touristen am meisten frequentiert. Beide fahren zwischen Piazzale Roma – Bahnhof – S. Marco durch den Canal Grande; die ›1‹ hält an jeder Haltestelle, die schnellere ›82‹ seltener. Von S. Marco setzt die ›1‹ die Fahrt zum Lido fort; die ›82‹ fährt durch den Giudecca-Kanal zurück zum Ausgangspunkt.

Zum Nordrand des Stadtgebiets – an die Fondamenta Nuove – und nach Murano gelangt man mit der Linie 52, auf die Inseln Burano und Torcello mit der ›14‹ (ab Fondamenta Nuove) oder der ›12‹ (ab S. Zaccaria). Andere Linien fahren auf die Laguneninseln S. Lazzaro (›10‹), S. Clemente (›20‹), Vignole und S. Erasmo (›13‹). Die ›17‹ transportiert Autos von der Parkplatzinsel Tronchetto zum Lido (Fahrzeit 35 Min.). Auf dem Lido verkehren auch Autobusse.

Die Linienboote fahren auf den wichtigen innerstädtischen Strecken in kurzem Abstand. Sie verkehren meist nur stündlich) auf mehreren Linien bis in den frühen Morgen hinein. Der Preis für eine Fahrt mit dem Linienboot beträgt 6000 Itl. (Herbst 1998). Empfehlenswert sind die 24- bzw. 72-Stunden-Tickets zu 18 000 bzw. 35 000 Itl. und die Wochenkarte zu 60 000 Itl. Sie müssen vor der ersten Fahrt am Automaten abgestempelt werden.

Taxen

Taxifahrten mit Motorbooten (*motoscafi*) sind teuer. Die Fahrt vom Bahnhof zum Markusplatz kostet beispielsweise 90 000 Itl., für die Strecke Markusplatz – Lido werden 60 000 Itl. berechnet. Dazu kommen Zuschläge für mehr als vier Personen, nachts, an Sonn- und Feiertagen, für Gepäck und Wartezeiten. Genaue Tarife hängen an den Standplätzen und in den Booten aus.

Reise-Service

Man sollte sich nur den offiziell zugelassenen Booten anvertrauen! Sie sind an einem gelben Streifen mit der Aufschrift ›Comune di Venezia‹ erkennbar.

Standplätze:
Bahnhof *(Ferrovia)*,
Tel. 041 71 62 86;
Piazzale Roma, Tel. 041 71 69 22;
Rialto, Tel. 04 15 23 05 75;
S. Marco, Tel. 04 15 22 97 50;
Fondamenta Nuove,
Tel. 04 15 23 73 13;
Lido, Viale S. Maria Elisabetta,
Tel. 04 15 26 00 59;
Flughafen Marco Polo,
Tel. 04 15 41 50 84.

Gondeln

Gondelstandplätze findet man an vielen Stellen des Canal Grande. Ein Spazierfahrt von 45 Min. Dauer kostet 120 000 Itl., mit Musikbegleitung zusätzlich 170 000 Itl. In der Gondel haben bis zu sechs Personen Platz. Eine preiswertere, wenn auch kürzere und unbequemere Gondel-Erfahrung kann man mit den *traghetti* machen: mit Gondelfähren, die an mehreren Stellen in wenigen Minuten den Kanal überqueren. Hier kann man sich für wenig Geld das kurze Gefühl einer Gondelreise leisten – allerdings im Stehen auf schwankendem Boot. *Traghetti* verkehren unter anderem in Bahnhofsnähe bei S. Marcuola, bei der Ca'd'Oro zwischen Fischmarkt und S. Sofia sowie bei S. Tomà und S. Maria del Giglio.

Behinderte

Bei den **Informationsbüros** im Bahnhof (Tel. 04 15 29 87 27) und an der Bootshaltestelle S. Marco (Tel. 04 15 22 63 56) erhält man spezielle Stadtpläne *(mappa per disabili)*, auf denen rollstuhlgerechte Brükken und Routen eingezeichnet sind. Die Informationsbüros geben kostenlos auch die Schlüssel aus, die man für die Benutzung der Aufzüge an den Brücken benötigt.

Nur wenige Hotels in Venedig – fast ausnahmslos in der Vier- und Fünf-Sterne-Kategorie (Flora, s. S. 28, Monaco & Grand Canal, s. S. 29) – sind behindertengerecht ausgestattet. Im offiziellen Hotelverzeichnis werden sie durch ein entsprechendes Symbol gekennzeichnet.

Die meisten wichtigen **Bootslinien** (1, 12, 14, 17, 82) sind mit dem Rollstuhl zugänglich.

Ermäßigungen

In den staatlichen Museen ist der Eintritt für EG-Angehörige über 60 Jahren frei. Man sollte Paß oder Personalausweis mitnehmen, wenn man diese Ermäßigung in Anspruch nehmen möchte! Leute bis 29 Jahren bekommen mit dem Ausweis ›Rolling Venice‹ ermäßigte Preise auf den Linienschiffen und in manchen Museen, Hotels, Restaurants und Geschäften. Der Ausweis kostet 5000 Itl. Beim Kauf ein Paßfoto mitbringen (ohne Foto gilt er nur mit Personalausweis, Führerschein oder Reisepaß). Er ist erhältlich:

Bahnhof: S. Lucia, Tel. 04104 15 24 29 04 (Juli–Sept.)
Transalpino (am Bahnhofseingang), Tel. 04104 15 24 13 34.
Agenzia Arte e Storia:
– S. Croce 659, Corte Canal
(in Bahnhofsnähe),
Tel. 04104 15 24 02 32.

Zu Gast

Mit *gondoliere*-Musik über Kanäle schippern, im ›Florian‹ *espresso* trinken, auf dem Markusplatz Tauben verscheuchen, Malereien von Tintoretto und Tizian und am Canal Grande herrliche *palazzi* bewundern, Molen-Atmosphäre an der Riva degli Schiavoni schnuppern und venezianische Köstlichkeiten genießen – dieser Venedig-Führer gibt Ihnen nützliche Tips und ausgesuchte Adressen an die

n Venedig

Hand, damit Ihr Aufenthalt zu einem Erlebnis wird. Die große Extra-Karte hilft bei der problemlosen Orientierung, denn die Gitternetz-angaben bei allen Adressen ersparen langes Suchen. Auf die wich-tigsten Sehenswürdigkeiten werden Sie in der Karte förmlich mit der Nase gestoßen. Wer jedoch in Venedig auch ungewöhnlichen Spu-ren folgen möchte, sollte sich von den Extra-Touren leiten lassen...

Hotels

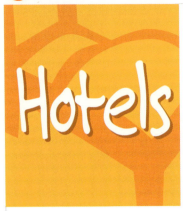

Das klassische Touristenziel Venedig bietet selbstverständlich ein großes Angebot an Unterkünften: In den etwa 200 Hotels stehen rund 14 000 Betten. Dennoch ist die Stadt oft ausgebucht. Vor allem in den beliebten Reisemonaten April, Mai, September und Oktober sollte man seine Unterkunft unbedingt vorbestellen! Auch über Neujahr und an den Karnevalstagen ist die Reservierung dringend zu empfehlen. Besonders großer Andrang herrscht um den 25. April (italienischer Nationalfeiertag) und um den 1. Mai, wenn viele Italiener für ein verlängertes Wochenende nach Venedig aufbrechen. Im Hochsommer dagegen kommen vor allem Tagesausflügler in die Lagunenstadt; viele Hotels bieten dann günstigere Preise.

Die Hotelpreise in Venedig sind für italienische Verhältnisse hoch. Wirklich preisgünstige Zimmer gibt es nur in den Ein-Stern-Hotels, die allerdings von sehr unterschiedlicher Qualität sind. Das Spektrum reicht von der ungepflegten Billigbleibe bis zur sympathischen, ordentlichen Familienpension. Unter den Zwei-Sterne-Hotels findet man richtige ›Schatzkästchen‹ ebenso wie vernachlässigte Häuser. Die venezianischen Drei-Sterne-Hotels bieten dagegen fast ausnahmslos einen guten Komfort, allerdings zu relativ gehobenen Preisen. Erstklassige Unterkunft kann man in den Vier- und Fünf-Sterne-Häusern erwarten. Die Preise müssen in den Zimmern und an der Rezeption ausgehängt sein, wobei die angegebenen Maximalpreise nicht überschritten werden dürfen. Sie schließen allerdings das Frühstück nicht ein.

Preise

Vor allem in der Saison vermieten viele Hotels nur inklusive Frühstück. Der Preis erhöht sich dann entsprechend. In der Nebensaison (Nov.–Anfang März, mit Ausnahme der Weihnachtsferien und des Karnevals, teilweise auch Juni–Aug.) bieten manche Häuser bis zu 50% günstigere Preise an!

Günstig

Alex (D 4)
S. Polo 2606, Rio Terrà Frari
Tel./Fax 04 15 23 13 41
Bootslinien 1, 82: S. Tomà
EZ 50 000, DZ 120 000 ltl.
Vor allem französische Reisende schätzen das kleine Hotel in der Nähe der Frari-Kirche. Freundlicher Empfang durch die Chefin, die über die maximal 20 Gäste leicht den Überblick behält. Preisgünstig sind in dieser Unter-

Hotels

Günstig	**Doppelzimmer (DZ) von 90 000 bis 160 000 ltl.** **Einzelzimmer (EZ) von 50 000 bis 100 000 ltl.**
Moderat	**Doppelzimmer von 220 000 bis 270 000 ltl.** **Einzelzimmer von 150 000 bis 180 000 ltl.**
Teuer	**Doppelzimmer von 320 000 bis 380 000 ltl.** **Einzelzimmer von 200 000 bis 250 000 ltl.**
Luxus	**Doppelzimmer ab 550 000 ltl.** **Einzelzimmer von 350 000 ltl.**

Alle Preise beziehen sich auf die Saison 1999

kunft vor allem die Zimmer ohne eigenes Bad.

Antica Casa Carettoni (C 3)
Cannaregio 130, Lista di Spagna
Tel./Fax 041 71 62 31
Bootslinien 1, 52, 82: Ferrovia
EZ 90 000, DZ 130 000 ltl.
In der Tat eine *antica casa:* In einigen Räumen bröckelt malerisch der Putz, und die Betten hängen ganz schön durch. Aber dafür sind viele Zimmer geräumig wie im Drei-Sterne-Hotel, sauber und vergleichsweise preiswert. Der Bahnhof liegt nur wenige Minuten entfernt.

Antico Capon (C 5)
Dorsoduro 3004/B,
Campo S. Margherita
Tel./Fax 04 15 28 52 92
Bootslinie 1: Ca' Rezzonico
EZ 120 000, DZ 150 000 ltl.,
in der Nebensaison 80 000/
120 000 ltl.
Die Zimmer sind eher einfach, aber die Lage am immer belebten, pittoresken Campo S. Margherita ist optimal, wenn man das weniger bekannte Venedig erleben möchte. Morgens kann man sich gleich ins Markttreiben stürzen und über den Rand der Cappuccino-Tasse Fisch- und Gemüsehändlern zuschauen; abends tobt in den Kneipen und Cafés – und bei schönem Wetter auf dem Platz selbst – das Studentenleben. Das bedeutet allerdings auch: Die Zimmer zur Vorderseite werden bis spät in die Nacht von Stimmen und Musik beschallt.

Caneva (F 5)
Castello 5515, Calle e Ramo
Drio della Fava
Tel. 04 15 22 81 18,
Fax 04 15 20 86 76
Bootslinien 1, 82: Rialto
DZ 120 000–160 000 ltl.
Das einfache Hotel liegt ruhig und versteckt neben der Kirche S. Maria della Fava. Die angenehm geräumigen Zimmer zeigen allerdings die Spuren langjähriger Benutzung und wirken zum Teil etwas abgewohnt. Dafür aber bieten die meisten Räume den Blick auf einen stillen Kanal, fünf Zimmer haben sogar einen kleinen Balkon.

Caprera (C 3)
Cannaregio 219, Calle
Gioacchina Tel. 041 71 52 71,
Fax 041 71 59 27
Bootslinien 1, 52, 82:
Ferrovia EZ 90 000,
DZ 120 000–180 000 ltl.
Das makellos korrekte Zwei-Sterne-Hotel wird freundlich und enga-

Hotels

Frühstück

Das klassische italienische Hotelfrühstück ist kümmerlich: Neben dem Kaffee (auf Wunsch auch Tee) kommt meist nur ein trockenes Croissant, Weißbrot, abgepackte Marmelade und Butter auf den Tisch. Vor allem die Hotels der gehobenen Kategorie (ab drei Sterne) stellen sich mittlerweile aber auf die Gewohnheiten der ausländischen Gäste ein und servieren eine reichhaltigere colazione, oft am Buffet.

giert geführt. Die meisten Zimmer haben kein eigenes Bad und sind deshalb recht preisgünstig. Die Räume 32–35 bieten jeweils einen kleinen Balkon (kein Aufpreis!). Das Haus liegt in einer ruhigen Seitengasse in unmittelbarer Nähe des Bahnhofs.

Casa Bocassini (F 3)
Cannaregio 5295, Calle del Fumo
Tel. 04 15 22 98 92,
Fax 04 15 23 68 77
Bootslinie 52: Fondamenta Nuove
EZ 70 000, DZ 110 000/150.000 Itl.
Im hübschen Innenhof der freundlichen Pension kann man sich unter Weinlaub von den Stadtspaziergängen erholen. Als Gartenzwerge dienen stilecht venezianische Rokoko-Figuren. Ordentliche kleine Zimmer, die weichen Matratzen sind allerdings nicht ideal für empfindliche Rücken.

Casa Linger (H 5)
Castello 3541, Salizzada
S. Antonin
Tel. 04 15 28 59 20,
Fax 04 15 28 48 51
Bootslinien 1, 52, 28: S. Zaccaria
EZ 90 000/120 000, DZ 120 000/150 000 Itl., in der Nebensaison bis zu 50 % Ermäßigung!
Gute Kondition erforderlich: Im schmalen Treppenhaus geht es 50 steile Stufen hinauf, bevor man die Unterkunft erreicht. Oben aber wartet ein angenehmes, gut geführtes kleines Hotel. Die Lage ist vorteilhaft: Abseits vom großen Rummel, und trotzdem erreicht man S. Marco in wenigen Min.

Locanda Fiorita (D 5)
S. Marco 3457/A,
Campiello Nuovo
Tel. 04 15 23 47 54,
Fax 04 15 22 80 43
Bootslinien 1: S. Angelo,
82: S. Samuele
EZ 110 000,
DZ 140 000/160 000 Itl.
Eine große Glyzinie überwuchert die gesamte Vorderfront des Hauses und hüllt es zur Blütezeit in Frühlingsdüfte. Für ein Ein-Stern-Hotel bietet die Locanda einen fast großartigen Komfort. Die zehn Zimmer sind fast immer ausgebucht – ohne langfristige Reservierung ist nichts zu machen! Besonders beliebt ist Zimmer 10 mit seinem unabhängigen Eingang und einer winzigen Frühstücksterrasse.

Rossi (C 2/3)
Cannaregio 262, Calle delle Procuratie
Tel. 041 71 51 64,
Fax 041 71 77 84
Bootslinien 1, 52, 82: Ferrovia
EZ 70 000, DZ 110 000/140 000 Itl.

Hotels

Jedes Jahr schließt das Rossi für einen Monat: Dann werden alle Räume generalüberholt. Vor der zwiespältigen Romantik bröckelnden Putzes sind die Gäste absolut sicher, und das Komfortniveau ist für ein Ein-Stern-Hotel ausgezeichnet. Dazu kommen die ruhigen Zimmer, der aufmerksame Service, die günstigen Preise: Das Haus in Bahnhofsnähe erscheint zu Recht in allen Low-Budget-Führern, vom amerikanischen »Let's go« zum französischen »Guide du Routard« und vermutlich auch bei den Japanern...

Moderat

Accademia Villa Maravege (C 6)
Dorsoduro 1058,
Fondamenta Bollani
Tel. 04 15 21 01 88,
Fax 04 15 23 91 52
Bootslinien 1, 82: Accademia
EZ 175 000 (ohne Bad 110 000 Itl.), DZ 270 000 Itl.; in der Nebensaison DZ 190 000 Itl.
Ein stilvolles Haus: Schon im Eingang des Palazzo aus dem 17. Jh. stehen Statuen herum, alle 27 Zimmer sind mit persönlicher Note ganz unterschiedlich eingerichtet. Aus dem angenehmen Garten blickt man auf den Canal Grande. Für ein Drei-Sterne-Hotel hat man hier ungewöhnlich niedrige Preise. Die Vorzüge haben sich herumgesprochen – daher rechtzeitig reservieren!

Agli Alboretti (D 7)
Dorsoduro 884,
Rio Terrà Antonio Foscarini
Tel. 04 15 23 00 58,
Fax 04 15 21 01 58
Bootslinien 1, 82: Accademia
EZ 150 000, DZ 230 000 Itl.
Sympathisches, relativ preisgünstiges Zwei-Sterne-Hotel in guter Lage bei der Accademia. Die ruhigen, vor kurzem renovierten Zimmer sind gepflegt und liebevoll eingerichtet. Das Frühstück wird unter Weinlaub im hübschen Innenhof serviert.

La Calcina (D 7)
Dorsoduro 780,
Fond. Zattere ai Gesuati
Tel. 04 15 20 64 66,
Fax 04 15 22 70 45
Bootslinien 52, 82: Zattere
EZ 90 000/150 000,
DZ 160 000/250 000 Itl.
Weil hier im 19. Jh. der britische Schriftsteller John Ruskin (»The Stones of Venice‹) residierte, wurde das Drei-Sterne-Hotel beim angelsächsischen Kulturpublikum als ›Ruskin's Home‹ populär. Doch die Gegenwart des ›Calcina‹ braucht sich vor der glanzvollen Vergangenheit nicht zu verstecken. Der Blick über den Giudecca-Kanal ist herrlich – am schönsten von der Dachterrasse. Alle Räume sind stilvoll und komfortabel eingerichtet. Zimmer 4 ist zu Recht etwas teurer als die anderen: Auf der edlen Privatterrasse fühlt man sich als Teil der *upper ten*.

Hesperia (C 2)
Cannaregio 459, Calle Riello
Tel. 041 71 25 21,
Fax 041 71 51 12
Bootslinie 52: Guglie
EZ 180 000, DZ 250 000, in der Nebensaison 150 000
Die schlichte, aber geschmackvolle Einrichtung und die tadellos korrekte Führung stellen die größten Pluspunkte dieses Zwei-Sterne-Hotels dar. Viele Zimmer bieten einen schönen Ausblick auf den breiten Cannaregio-Kanal.

Hotels

Pensione Seguso: Schon Patricia Highsmith beschrieb sie in »Venedig kann sehr kalt sein«

Paganelli (G 5)
Castello 4182, Riva degli Schiavoni/Campo S. Zaccaria
Tel. 04 15 22 43 24,
Fax 04 15 23 92 67
Bootslinien 1, 52, 82: S. Zaccaria
EZ 150 000, DZ 220 000 ltl.
Einige Zimmer haben den Traumblick auf die Lagune, wie man ihn aus den benachbarten Luxushotels auch nicht besser genießt. Aber auch in den etwas preisgünstigeren ›Normalräumen‹ mit ihren hübsch bemalten, farbigen Möbeln fühlt man sich wohl.

La Residenza (H 5)
Castello 3608, Campo Bandiera e Moro
Tel. 04 15 28 53 15,
Fax 04 15 23 88 59
Bootslinien 1, 52, 82: S. Zaccaria
EZ 150 000, DZ 230 000 ltl.
Die Geister der großen Vergangenheit schweben fast greifbar durch die Räume. Man muß sie mögen, um sich hier wohlzufühlen, denn der gotische *palazzo* am hübschen Campo Bandiera e Moro bedarf dringend der Renovierung. Historische Atmosphäre ist allerdings garantiert, vor allem in der prunkvoll stuckverzierten Rezeption.

San Zulian (F 5)
S. Marco 535, Calle S. Zulian
Tel. 04 15 22 58 72,
Fax 04 15 23 22 65
Bootslinien 1, 82: Rialto oder S. Marco
DZ 250 000 ltl.
Die Originalgemälde aus dem 19. Jh. hat der Patron inzwischen wieder abgehängt – zuviele Gäste ließen ein Kunstwerk mitgehen. Das San Zulian bleibt trotzdem mit seiner hübschen Einrichtung im klassisch-venezianischen Stil und dem tadellosen Komfort ein Schmuckstück unter den Zwei-Sterne-Hotels. Am schönsten ist Zimmer 304 im obersten Stockwerk (langfristig vorbestellen): Von der Terrasse genießt man einen Traumblick auf die Markuskuppel und die Dächer von Venedig.

Hotels

›Flora‹: Der schön bewachsene Innenhof macht dem Namen des Hotels alle Ehre

Seguso (D 7)
Dorsoduro 779, Zattere ai Gesuati
Tel. 04 15 28 68 58,
Fax 04 15 22 23 40
Bootslinien 52, 82: Zattere
EZ 180 000, DZ 230 000 ltl.
Die ideale Unterkunft für Nostalgiker: Seit über 100 Jahren im Familienbesitz mit stilvoll altmodischen Zimmern, in denen sich im Lauf der Jahrzehnte wenig verändert hat, mit einem Bibliotheksraum und einem Jahrhundertwende-Salon. Nußbaum-Möbel und Stuckdecken, vor allem aber die Aussicht auf den Giudecca-Kanal trösten darüber hinweg, daß nur die Hälfte der Zimmer ein eigenes Bad besitzt. In der Saison nur mit Halbpension.

Teuer

American (D 7)
Dorsoduro 628, Fondamenta Bragadin
Tel. 04 15 20 47 33,
Fax 04 15 20 40 48
Bootslinien 1, 82: Accademia
EZ 220 000, DZ 320 000 Itl.,
in der Nebensaison bis zu 50 % Ermäßigung
Das komfortable Hotel liegt in ruhiger Lage an einem kleinen Kanal in der Nähe der Accademia. Die vor kurzem renovierten Zimmer sind hübsch mit bemalten Möbeln in venezianischem Stil eingerichtet.

Firenze (F 6)
S. Marco 1490,
Salizzada di S. Moisè
Tel. 04 15 22 28 58,
Fax 04 15 20 26 68
Bootslinien 1, 82: S. Marco
EZ 250 000, DZ 350 000 ltl.
Das ›Firenze‹, das wenige Minuten vom Markusplatz entfernt in einem versteckten Innenhof liegt, bietet makellose, hübsch eingerichtete Zimmer, gehobenen Mittelklassekomfort und vor allem eine herrliche Dachterrasse, von der man den Blick über die Dächer, Türme und Kuppeln der Stadt genießt.

Hotels

Flora (E 6)
S. Marco 2283/A,
Calle dei Bergamaschi
Tel. 04 15 20 58 44,
Fax 04 15 22 82 17
Bootslinien 1, 82: S. Marco
EZ 240 000, DZ 320 000 ltl.
Behindertengerecht!
Das Drei-Sterne-Hotel in der Nähe des Markusplatzes ist seit 30 Jahren im Besitz einer Familie, die sich sorgfältig um das Haus kümmert. Die unterschiedlich großen Zimmer sind liebevoll und persönlich eingerichtet; zur Nostalgie-Ausstattung gehören alte Spiegel, Kristallüster und Stuckdecken, auf den Fluren hängt neben alter Keramik auch moderne Kunst. Im hübschen Garten – in dieser Lage eine Seltenheit – kann man bei schönem Wetter frühstücken. Das Hotel ist zu Recht bekannt und beliebt – zeitig vorbestellen!

Pausania (C 6)
Dorsoduro 2824,
Fondamenta Gherardini
Tel. 04 15 22 20 83,
Fax 04 15 22 29 89
Bootslinie 1: Ca' Rezzonico
EZ 220 000, DZ 320 000 ltl.
Im Eingang ein mittelalterlicher Brunnen, gleich daneben ein holzüberdachter Treppenaufgang: In dem gotischen *palazzo* aus dem 14. Jh. taucht man voll in venezianische Geschichte ein. Die komfortablen Zimmer gehen auf den ruhigen Kanal Rio di S. Barnaba oder auf den hübschen Garten hinaus.

San Cassiano (E 3)
S. Croce 2232, Calle della Rosa
Tel. 04 15 24 17 68,
Fax 041 72 10 33
Bootslinie 1: S. Stae
EZ 240 000, DZ 350 000 ltl.;
in der Nebensaison 150 000/ 220 000 ltl.

Wohnen wie ein venezianischer Adliger: In diesem Patrizierhaus aus dem 16. Jh. direkt am Canal Grande kann man es erleben. Die geräumigen, stilvoll eingerichteten Zimmer bieten jeden Komfort, in den noblen Gemeinschaftsräumen hängen alte Bilder, Wandteppiche, Kronleuchter. Herrlich ist der kleine Steg am Kanal, auf dem man mit dem Blick auf die Ca' d' Oro seinen *cappuccino* schlürfen kann. Die schönsten Zimmer gehen auf den Canal Grande hinaus – zeitig reservieren!

Santa Chiara (B 4)
S. Croce 548,
Fondamenta Cossetti
Tel. 04 15 20 69 55,
Fax 04 15 22 87 99
Bootslinien 1, 52, 82:
Piazzale Roma
EZ 200 000, DZ 340 000 ltl.
Das einzige Hotel Venedigs, bei dem man mit dem Auto vorfahren kann – es hat sogar einen eigenen Parkplatz. Der historische Palazzo diente bis vor wenigen Jahrzehnten als Nonnenkloster; heute ist ein komfortables Drei-Sterne-Hotel darin untergebracht. Wegen der Lage am Piazzale Roma mit den Endhaltestellen vieler Buslinien ist es allerdings nicht völlig ruhig.

Luxus

Metropole (G 5)
Castello 4149,
Riva degli Schiavoni
Tel. 04 15 20 50 44,
Fax 04 15 22 36 79
Bootslinien 1, 52, 82: S. Zaccaria
EZ ab 350 000, DZ ab 550 000 ltl.;
in der Nebensaison günstiger.
Der Besitzer, ein passionierter Antiquitätensammler, stellt in den Fluren und der Rezeption seine

Hotels

Schätze zur Schau: kostbare Gemälde, alte Möbel, historische Korkenzieher, Zigarrenhalter, Fernrohre und Kruzifixe. Die sehr unterschiedlichen Zimmer sind individuell und stilvoll eingerichtet. Optimale Lage an der Lagune.

Monaco & Grand Canal (F 6)
S. Marco 1325, Calle Vallaresso
Tel. 04 15 20 02 11,
Fax 04 15 20 05 01
Bootslinien 1, 82: S. Marco
EZ ab 360 000,
DZ ab 600 000 ltl.
Behindertengerecht!
Direkt am Canal Grande, mit einer Frühstücksterrasse zum Kanal und vielen aussichtsreichen Zimmern. Diskreter, aufmerksamer Service, den man bei den Preisen allerdings auch erwartet; elegant eingerichtete Räume mit schönen Möbeln und geschmackvollen Bädern.

Jugendherbergen/ Mitwohnzentrale

Foresteria Valdese (G 4)
Castello 5170, Calle Lunga
S. Maria Formosa
Tel./Fax 04 15 28 67 97
Bootslinien 52, 82: S. Zaccaria
Übernachtung 30 000 (im Schlafsaal), 42 000 ltl. (pro Person im DZ), jeweils inkl. Frühstück
Das ehemalige Gästehaus der protestantischen Kirche ist in einem historischen *palazzo* untergebracht. Manche Räume haben noch Deckenfresken. Freundlicher Empfang, Aufnahme 9–13 und 18–20 Uhr, auch ohne JH-Ausweis.

Ostello per la Gioventù (F 8)
Dorsoduro 86,
Fondamenta delle Zitelle
Tel. 04 15 23 82 11,
Fax 04 15 23 56 89
Bootslinie 82: Zitelle
Übernachtung 27 000 ltl. inkl. Frühstück
Die Jugendherberge ist in einem ausgebauten Lagerhaus auf der Giudecca-Insel direkt am Kanal untergebracht. Oft überfüllt, daher sollte man möglichst früh am Morgen (7–9.30 Uhr) oder gegen 13.30 Uhr ankommen. Abends werden die Tore um 23.30 Uhr verschlossen.

Mitwohnzentrale (F 10)
Cannaregio 5882,
Campo del Teatro Malibran
Tel. 04 15 23 16 72,
Fax 04 15 20 88 18
Vom schlichten Zimmer mit Badbenutzung bis zum Luxus-Apartment am Canal Grande bietet Helga Anna Gross Unterkünfte jeder Art an. Eine attraktive Wohnung für 4 Personen kostet etwa 200 000–250 000 ltl. pro Tag. Mindestaufenthalt: 3 Tage.

Camping

Zahlreiche Campingplätze befinden sich auf dem Litorale del Cavallino westlich von Venedig. Man erreicht die Stadt von hier mit dem Schiff in rund 40 Min. Häufige Verbindungen, das letzte Boot ab Venedig fährt gegen Mitternacht. Empfehlenswert ist beispielsweise:

Campeggio Marina di Venezia (s. Umgebungskarte)
Via Montello 6
Punta Sabbioni – Treporti
Tel. 04 15 30 09 55,
Fax 041 96 60 36

Essen & Trinken

Schlemmen in Venedig

Trotz des touristischen Betriebs kann man in Venedig ausgezeichnet und vergnüglich essen. Nicht unbedingt auf dem ganz hohen Niveau: In den Luxusrestaurants mit ihrer internationalen Klientel zahlt man einen kräftigen Ambiente-Zuschlag – und dafür sind sie dann doch nicht gut genug. Die berühmten venezianischen Lokale, ›Harry's Bar‹ und die ›Locanda Cipriani‹, die ›Caravella‹ und der ›Doge‹ im Hotel Gritti zählen allenfalls im Preisniveau zu den 30–40 italienischen Spitzen-Restaurants – nicht jedoch in der Qualität. Doch für den Normalverbraucher bietet Venedig kulinarisch eine ganze Menge. Viele Trattorien und Osterien bringen solide, oft vorzügliche traditionelle Gerichte auf den Tisch. Eine Besonderheit der Stadt sind die *bácari*: Weinstuben, in denen die Venezianer zu jeder Tages- und Nachtzeit zur *ombra* – dem Glas Wein – die sogenannten *cicheti* verzehren: Appetithäppchen wie Käse, Wurst, Oliven, eingelegte Gemüse, Fischstückchen u. a.

All diese Genüsse trösten über das – wie in ganz Italien – oft etwas kärgliche Frühstück hinweg. Italiener geben sich am Morgen gewöhnlich mit einem schnell getrunkenen *espresso* oder *cappuccino* und einem Hörnchen zufrieden. Daher entspricht das Frühstücksangebot in den Hotels, vor allem in den einfacheren Kategorien, oft nicht mitteleuropäischen Erwartungen. Drei- und Vier-Sterne-Hotels bieten allerdings meist ein reichhaltigeres Frühstücksangebot.

Das Mittagessen wird meist zwischen 12.30 und 14.30 Uhr serviert, das Abendessen von 19/19.30 bis etwa 22 Uhr. Öffnungszeiten der Restaurants werden im folgenden nur angegeben, sofern sie von diesen Zeiten abweichen. Ein komplettes Menü besteht aus Vorspeisen, erstem Gang (Teigwaren, Suppe oder *risotto*), Hauptgang und Obst oder Dessert. In manchen Restaurants wird es ungern gesehen, wenn Gäste sich nur mit einem Teller Nudeln und einem Salat begnügen, aber der Gast ist nicht verpflichtet, sich durch das ganze Menü ›durchzuarbeiten‹ – die Kombinationen Vorspeise/Nudelgericht oder Hauptgang/Nachspeise sind auch unter Italienern durchaus üblich.

Essen & Trinken

Für Brot und Gedeck *(pane e coperto)* wird überall ein Festpreis – meist 2–4 DM – berechnet, unabhängig davon, wieviel man verzehrt, Bedienungsgeld *(servizio)* manchmal darüber hinaus. Das muß dann allerdings auf der Speisekarte angegeben sein. Beilagen *(contorni)* zum Hauptgericht müssen gesondert bestellt werden!

Vor allem in vornehmeren Häusern, oft aber auch in einfachen Lokalen, läßt man sich vom Kellner einen Platz zuweisen. Will man die Bedienung auf sich aufmerksam machen, so spricht man sie mit ›signore‹ (mein Herr), ›signora‹ (meine Dame) oder ›signorina‹ (mein Fräulein) an.

Drängeln und Eile beim Essen sind in Italien nicht üblich und werden ungern gesehen. Der deutsch-italienische Journalist Nino Erné hat zu Recht geschrieben: »Als Italiener hat man Zeit zu haben, vor allem für das Essen, darauf ruht die romanische Zivilisation.«

Und noch eins: Bei Fischgerichten wird der Preis auf den Speisekarten meist pro 100 g *(etto)* angegeben, die gesamte Portion kostet also das Drei- bis Fünffache!

Gut und günstig

Bentigodi (C 8)
Cannaregio 1423, Callesella
Tel. 041 71 62 69
10.30–15, 18–23 Uhr, So Ruhetag
Bootslinien 1, 82: S. Marcuola,
52: Guglie
Die versteckte Lage in einer Seitengasse schadet dem Lokal nicht: Dafür ist das Essen zu gut. Am Tresen bekommt man Appetithappen wie winzige Sardellenbröt-

Kulinarisches Alphabet

anatra, anitra	Ente
anguilla	Aal
antipasto misto	gemischter Vorspeisenteller, meist mit Schinken und Wurstwaren
baccalà	Stockfisch
branzino	Seebarsch
calamari	Tintenfische
coda di rospo	Seeteufel
coniglio	Kaninchen
cozze	Miesmuscheln
faraona	Perlhuhn
fegato	Leber
formaggio	Käse
fragole	Erdbeeren
fritto misto	gebackene Fische und Meeresfrüchte
funghi	Pilze
insalata	Salat
insalata di mare	gemischte Vorspeise aus Meeresfrüchten
limone	Zitrone
macedonia	Obstsalat
maiale	Schwein
manzo	Rind
melanzane	Auberginen
orata	Goldbrasse
pesce spada	Schwertfisch
pollo	Huhn
pomodori	Tomaten
prosciutto	Schinken
scaloppine	dünne Kalbsschnitzel
seppia	Tintenfisch
sogliola	Seezunge
vitello	Kalb
zuppa inglese	Vanillecreme mit Biskuit und Likör

Essen & Trinken

So läßt sich das Leben genießen: mit *ombra* und cicheti

chen oder Tintenfischstücke. Ausgezeichnet sind die gefüllten Gemüse, die originellen Nudelgerichte (z. B. mit Tintenfisch und Radicchio oder mit Schwertfisch und Auberginen), der Seebarsch mit Orangensauce. Nudelgerichte ab 8 000, Menü um 35 000 ltl.

Boldrin (E 11)
Cannaregio 5550,
Salizzada S. Canciano
Tel. 04 15 23 78 59
9.30–21 Uhr, So Ruhetag
Bootslinien 1, 82: Rialto
Ein langgezogener Raum, die Wände voll mit Weinregalen, vorn der Tresen, über den ununterbrochen gefüllte Gläser, belegte Brote und warme Tellergerichte wandern. In der *enoteca* herrscht allenfalls früh morgens Ruhe, ab dem späten Vormittag ist ständig etwas los. Mit gutem Grund: Die fantasievollen *panini* und die kleinen Speisen sind vorzüglich, das Ambiente immer unterhaltsam. Optimal für den kleinen und mittleren Hunger. Nudeln oder *risotti* ab 8000 ltl.

Al Nono Risorto (E 9)
S. Croce 2338,
Sotoportego de Siora Bettina
(beim Campo S. Cassiano)
Tel. 04 15 24 11 69
12–14, 19–24 Uhr, Mi und Do (mittags) Ruhetag
Bootslinien 1: S. Stae oder Rialto, 82: Rialto
Das Lokal des ›auferstandenen Opas‹ wird von jungen Leuten geführt – und vorwiegend auch von solchen besucht. Die einfache Einrichtung überzeugt auf den ersten Blick: Hier geht's solide zu. Holztische, ein langer Tresen, an den Wänden ein paar moderne Bilder, ein Schiffsmodell. Bei warmem Wetter sitzt man im hübschen Garten – für Venedig wirklich was Besonderes! Aus der Küche kommen vorwiegend Fischgerichte, wie der gemischten Vorspeisenteller *(antipasto misto di mare)*, die Nudeln mit Meeresfrüchten

Essen & Trinken

(spaghetti alla scogliera) oder der Seeteufel *(coda di rospo)*, für Landratten gibt's aber auch Fleisch und Pizza.

Al Profeta (H 6)
Dorsoduro 2671,
Calle Lunga S. Barnaba
Tel. 04 15 23 74 66,
12–15.30, 19–23.30 Uhr,
Mi Ruhetag
Bootslinie 1: Ca' Rezzonico
Pizza ist in Venedig genauso ein Importprodukt wie in Hamburg oder Recklinghausen. Bis in die Nachkriegszeit aß man in Venetien *polenta*, Maisbrei, wenn man billig satt werden wollte. Dann wurde die Pizza, eigentlich eine Arme-Leute-Speise aus Neapel und Umgebung, auch in Norditalien populär. Der ›Profeta‹ gehört zu den besten Pizzerien der Stadt. Sein vorwiegend junges Publikum weiß den knusprigen Teig und die würzigen Beläge zu schätzen.

Da Sergio (F 4)
Castello 5870/ A,
Calle del Dose
Tel. 04 15 28 51 53
8.30–21.30 Uhr, So Ruhetag
Bootslinien 1, 82: Rialto,
1, 52, 82: San Zaccaria
An den Holztischen der einfachen Kneipe essen vor allem mittags viele Arbeiter und Angestellte aus der Umgebung. Der Familienbetrieb bietet keine kulinarischen Höhenflüge, aber eine ordentliche und regionale Küche. Menü um 25 000 ltl.

Da Silvio (F 7)
Dorsoduro 3748,
Calle S. Pantalon
Tel. 04 15 20 58 33, So Ruhetag
Bootslinien 1, 82: S. Tomà
In diesem preisgünstigen Lokal herrscht immer großer Andrang. Der Familienbetrieb zieht vor allem die Studenten der nahegelegenen Universität an; dazwischen mischen sich Einheimische und einige versprengte Touristen. Bei warmem Wetter sitzt man angenehm im Garten. Vollständige Menüs ab 25 000 ltl.

Trattoria Ai Squeri (F 14)
Castello 3210, Campo delle Gatte
Tel. 04 15 20 83 79,
nur mittags geöffnet, So Ruhetag
Bootslinien 1: Arsenale,
52: Celestia
Das gemütliche Lokal liegt abseits der normalen Touristenrouten. Trotzdem legt der Wirt den Gästen bei Bedarf eine deutsche Speisekarte vor. Da gibt es viele verlockende Gerichte und manches Mysterium: ›Geschnitte Gemischte Salame‹ und ›Parma Schinken Rho‹ verstehen wir ja noch gut, schwieriger wird's bei ›Breidel Nudeln ofen Gepaken‹, ›Breidel fish‹ oder ›Kalb Flush nach Mailand Art‹. Auch das simple ›Gebakene Gericht‹ bedarf der Nachfrage. Empfehlenswert sind auf jeden Fall die ›Gebakene Kresbe‹ und der ›Schwartz Tintenfisch‹ – lassen Sie sich überraschen!

Traditionslokale

Da Bes – Tre Spiedi (F 4)
Cannaregio 5906,
Salizzada S. Canciano
Tel. 04 15 20 80 35,
So und Mo Ruhetag
Bootslinien 1: Ca' d' Oro,
1, 82: Rialto
Die pittoreske Einrichtung entspricht allen Italien-Träumen: Unter der Balkendecke eine dicht mit Gemälden gepflasterte Wand, auf Regalen stehen uralte Weinflaschen, in der Vitrine glänzt und

Essen & Trinken

glotzt der frische Fisch. Der kommt dann gut zubereitet auf den Teller, vielleicht nach einer Vorspeise wie den schwarzen Tintenfischnudeln *(spaghetti al nero di seppia)*. Auch die *dolci* können sich sehen und schmecken lassen. Zügige Bedienung und immer viel Betrieb, die Wogen der Gespräche schlagen hoch! Das einfache *menu turistico* kostet nur 24 000 Itl., *à la carte* ist man mit 35 000– 45 000 Itl. für die Qualität auch ausgezeichnet bedient.

Ai Gondolieri (D 7)
Dorsoduro 366
Fondamenta Zorzi Bragadini
Tel. 04 15 28 63 96, Di Ruhetag
Bootslinien 1, 82: Accademia, 1: Salute
Das Lokal in der Nähe des Guggenheim-Museums bringt – keine Seltenheit in Venedig! – keine Fischgerichte auf den Tisch; es gibt vorwiegend Fleisch und Wildspezialitäten. Die feine Küche ist ein Genuß, der Service zuvorkommend, nur die Preise (Menü um 90 000 Itl.) sind vielleicht etwas zu hoch. Empfehlenswert: das Entenfilet mit pürierten Zwiebeln und die vorzüglichen Desserts.

Maddalena (Insel Mazzorbo)
Mazzorbo, Imbarcadero (Bootsanlegestelle)
Tel. 041 73 01 51, Do Ruhetag
Bootslinie 14: Mazzorbo
(ab Venedig 40 Min.)
Das Restaurant liegt direkt an der Bootsanlegestelle; im Sommer blickt man von der Terrasse über den Tellerrand auf die ankommenden Schiffe. Auch der Innenraum ist trotz Wartesaal-Architektur ansprechend: an allen Wänden hängen Gemälde. Selbstverständlich gibt's Fischgerichte; eine besondere Spezialität sind daneben die vorzüglichen Wildenten *(anatre selvatiche)*, die gebraten oder in der Nudelsauce auf den Tisch des Hauses kommen. Auch den örtlichen *dolce* sollte man nicht vergessen: Kekse aus Burano, die in den Fragolino, einen Rotwein mit leichtem Erdbeergeschmack, getaucht werden. Menü um 40 000 Itl.

Alla Madonna (E 4)
S. Polo 594, Calle della Madonna
Tel. 04 15 22 38 24, Mi Ruhetag
Bootslinien 1, 82: Rialto
Die ›Madonna‹ ist bei Venezianern wie Touristen gleichermaßen beliebt – mit Recht. Das populäre Lokal in der Nähe der Rialto-Brücke bietet mehr als 200 Gästen Platz, bleibt aber trotz des Massenbetriebs gemütlich. Die schmausenden und schwatzenden Esser verteilen sich auf sieben liebevoll mit Bildern geschmückte Räume. Die Küche folgt konsequent der einheimischen Tradition und ist dabei verläßlich gut, bei vielen Gerichten sogar ausgezeichnet. Trotz des immer großen Andrangs gibt es die Köstlichkeiten zu zivilen Preisen (Menü ab 50 000 Itl.).

Montin (C 6)
Dorsoduro 1147,
Fondamenta di Borgo
Tel. 04 15 22 71 51
Di Abend und Mi Ruhetag
Bootslinien 1: Ca' Rezzonico, 52, 82: Zattere
Ein Klassiker, der mehr von Ambiente und Geschichte lebt als von der Küchenqualität. In der Locanda stiegen schon Eleonora Duse und Gabriele D' Annunzio ab; ob sie auch in dem hochromantischen Gartenlokal gespeist haben, in dem die Gerichte der veneziani-

Essen & Trinken

Fast an jeder Straßenecke kann man den Gaumenfreuden frönen...

schen Tradition serviert werden? Man kann in Venedig raffinierter essen, aber kaum schöner dabei sitzen. Menü um 60 000 ltl.

Romano
(s. Umgebungskarte)
Burano, Via Baldassare Galuppi 221
Tel. 041 73 00 30, Di Ruhetag
Bootslinien 12, 14 (45 Min. ab Venedig)
Sie waren alle da: Maria Callas und Katharine Hepburn, Lucio Dalla und Adriano Celentano, Henri Matisse und Oskar Kokoschka, Charlie Chaplin und Alberto Moravia... Die Liste prominenter Gäste ist länger als die Speisekarte, der Chef hat beide ins Fenster gehängt. Die Wände des ehemaligen Künstlerlokals sind dicht an dicht mit Bildern geschmückt; leider haben weder Juan Mirò noch Giorgio De Chirico bei ihrem Besuch ein Werk hinterlassen. Die Küche ist nicht ganz so großartig, aber Ambiente ist hier alles. Menü um 50 000 ltl.

Restaurants der mittleren Preisklasse

All' Altanella (D 8)
Giudecca 270, Calle delle Erbe
Tel. 04 15 22 77 80,
Mo und Di Ruhetag
Bootslinien 82: Giudecca/Traghetto
Seit vier Generationen in Familienbesitz: Die Trattoria auf der Giudecca-Insel ist ein echter Traditionsbetrieb. Abseits des großen Rummels haben sich hier schon immer Künstler und Venedig-Insider getroffen. Von der Terrasse genießt man schöne Ausblicke auf den Kanal. In erster Linie gibt's Fischgerichte, aber auch den venezianischen Klassiker *pasta e fagioli* (Nudeln und Bohnen). Vollständiges Menü um 60 000 ltl.

Antiche Carampane (E 4)
S. Polo 1911, Rio Terrà delle Carampane

Essen & Trinken

Tel. 04 15 24 01 65
So Abend und Mo Ruhetag
Bootslinie 1: S. Silvestro
Dieses Restaurant muß man suchen: Es liegt versteckt in einem Winkel Venedigs, in den gewöhnlich keine Touristen kommen. Aber die Mühe lohnt sich. Besonders der *fritto misto,* die gebackenen Fische und Meeresfrüchte, sind berühmt. Daneben können sich die Muschel- oder Hummer-Spaghetti und der Seeteufel genauso sehen lassen. Im Sommer speist man unter Sonnenschirmen auf der kleinen Gasse. Menü um 65 000 ltl.

Capitan Uncino (D 8)
S. Croce 1501, Campo di
S. Giacomo dell' Orio
Tel. 041 72 19 01, Mi Ruhetag
Bootslinie 1: Riva di Biasio
Zwischen Fischernetzen und dem immer laufenden Fernseher kommen hier klassische venezianische Speisen wie Leber mit Zwiebeln *(fegato alla veneziana),* vor allem aber gute Fischgerichte auf den Tisch. Probieren Sie die *antipasti di mare* oder den *risotto alla pescatora*! An lauen Sommerabenden sitzt man wunderbar auf dem ruhigen Platz vor der Kirche S. Giacomo. Menü um 50 000 ltl.

Da Ignazio (D 5)
S. Polo 2749, Calle dei Saoneri
Tel. 04 15 23 48 52, Sa Ruhetag
Bootslinien 1, 82: S. Tomà
Das gepflegte Ambiente und der freundliche Service tragen schon zum Wohlgefühl bei, bevor das Essen auf den Tisch kommt. Ob man die Meeres-*antipasti,* die Fischsuppe, den St.-Peters-Fisch oder eine *bistecca* wählt: Alles ist sorgfältig zubereitet und fein abgeschmeckt. Bei gutem Wetter kann man im Innenhof speisen.

Ein Plus stellt die reichhaltige Weinkarte dar. Hauptgerichte um 20 000, Menü um 55 000 ltl.

L' Incontro (C 5)
Dorsoduro 3062, Rio Terrà Canal
Tel. 04 15 22 24 04, Mo Ruhetag
Bootslinie 1: Ca' Rezzonico
Mal was anderes: Sardische Küche wirkt in Venedig geradezu exotisch, erst recht, wenn sie wie hier kreativ verfeinert wird. Garantiert einmalig sind die Ravioli mit Safran, *ricotta, pecorino* und abgeriebener Orangenschale *(culingiones)* oder das *pane frattau* mit Schafkäse, Tomaten und Ei. Als Hauptgerichte gibt es vor allem Fleisch, beispielsweise ausgezeichnetes Wildschwein, Kanin-

Essen & Trinken

...ob in den kleinen Trattorien der verschwiegenen Gassen, oder – wie hier – an einem der ruhigen Kanäle

chen oder Lamm. Auch die Desserts sind vorzüglich. Hauptgerichte um 20 000, Menü um 50 000 ltl.

Al Mascaròn (G 4)
Castello 5525, Calle Lunga
S. Maria Formosa
Tel. 04 15 22 59 95
11–15, 18.30–0.30 Uhr,
So Ruhetag
Bootslinien 1, 52, 82: S. Zaccaria
Dieser bei den Einheimischen beliebte ›Klassiker‹ ist eine Kombination aus *trattoria* und *bácaro:* Am Tresen lockt eine Fülle von kleinen Speisen, wobei Meeresfrüchte und Gemüse besonders ins Auge springen. An den Holztischen werden Fischsuppe, Spaghetti mit Scampi, Seezungen, Tintenfisch und andere Köstlichkeiten serviert.

Alla Zucca (D 3)
S. Croce 1762, Ponte del Megio
Tel. 04 15 24 15 70, So Ruhetag
Bootslinie 1: S. Stae
Es lebe die Substanz: Die Einrichtung mit den blanken Holztischen ist gewollt einfach, doch in dem eher schlichten Rahmen kommen ambitionierte – und gelungene! – Gerichte auf den Teller. Schon der Name des Lokals (*zucca* = Kürbis) deutet an, daß Gemüse dabei eine

Essen & Trinken

wichtige Rolle spielen. Auf die italienische Tradition setzen die Köchinnen gelegentlich originelle orientalische Akzente, z. B. beim Schweinefleisch mit Ingwer und dem Lamm mit Salbei und Joghurtsauce. Alles sehr lecker, ebenso wie der Ziegenkäse mit Olivenpaste, die Nudeln mit Auberginen und *ricotta* oder das Birnen-Bavarois. Hauptgerichte kosten um 18 000 Itl., für ein vollständiges Menü legt man 45 000 Itl. auf den Tisch des Hauses. Freundlicher Service.

Klassiker

Antica Besseta (C 3)
S. Croce 1395,
Salizzada de Ca' Zusto
Tel. 04 15 24 04 28
Di und Mi (mittags) Ruhetag
Bootslinie 1: Riva di Biasio
Klassische venezianische Fischküche von hervorragender Qualität. Der Chef Nereo Volpe bemüht sich nicht um ausgefallene Kreativrezepte, sondern bereitet vorzügliche Grundprodukte solide nach traditionellen Rezepten zu. Probieren Sie die *tagliolini alla granchevole,* Nudeln mit Krebssauce! Nur die Weinauswahl ist nicht besonders. Fischgerichte um 25 000 Itl., vollständiges Menü um 60 000 Itl.

Corte Sconta (H 5)
Castello 3886, Calle del Pestrin
Tel. 04 15 22 70 24,
So und Mo Ruhetag
Bootslinie 1: Arsenale
Der köstliche *antipasti*-Teller ist schon fast ein Menü für sich: Eingelegter Lachs, alle Arten von Muscheln und Meeresfrüchten, Krebse, Sardinen und Stockfisch sättigen viele Gäste, bevor es richtig losgeht. Auch bei den leckeren *risotti,* Nudeln und Hauptgerichten dominiert der Fisch – traditionell und sorgfältig zubereitet. Am besten sitzt man im schattigen Innenhof unter Weinlaub. Menü 75 000 Itl.

Fiaschetteria Toscana (F 4)
Cannaregio 5719, Salizzada
di S. Giovanni Crisostomo
Tel. 04 15 28 52 81, Di Ruhetag
Bootslinien 1, 82: Rialto
Eine sichere Adresse für Feinschmecker in unmittelbarer Nähe der Rialto-Brücke. Der Name des Lokals täuscht: Vorwiegend werden venezianische Gerichte serviert. Das stilvolle, aber in keiner Weise überzogene Ambiente zieht Einheimische wie Touristen gleichermaßen an. Vorzügliche Desserts: Die Auswahl reicht vom Honig-Nuß-Parfait bis zu Halbgefrorenem mit Orangen-Karamel-Sauce. Menü um 60 000 Itl.

Hosteria da Franz (K 7)
Castello 754, Fondamenta
di S. Giuseppe
Tel. 04 15 22 08 61, Di Ruhetag
Bootslinien 1, 82: Giardini
Das Restaurant von Gianfranco Gasperini liegt abseits des Zentrums in der Nähe der Biennalegärten. Während der alle zwei Jahre stattfindenden Ausstellung gehört es zu den bevorzugten Treffpunkten von Künstlern und Kunstmanagern. Die Küche variiert traditionelle venezianische Rezepte, vorzüglich sind z. B. die *risotti* oder der *fritto misto*. Im Sommer ißt man draußen am Kanal. Gehobene Preise (vollständiges Menü um 100 000 Itl.).

Poste Vecie (E 4)
S. Polo 1608,
Calle delle Poste Vecie

Essen & Trinken

Tel. 041 72 18 22, Di Ruhetag
Bootslinien 1, 82: Rialto
Das traditionsreiche Restaurant – angeblich das älteste der Stadt – liegt im ›Bauch von Venedig‹: direkt am Fischmarkt, auf dem sich fast alle guten Lokale Venedigs versorgen. Im hübschen Innenhof unter Weinlaub oder in einem der drei Speiseräume kommen herrliche Vorspeisen (marinierte Sardinen, Stockfischpaste), ausgezeichnete Nudel- und Fischgerichte auf den Tisch. Menü um 75 000 ltl.

Vini da Gigio (E 3)
Cannaregio 3628/A,
Fondamenta di S. Felice
Tel. 04 15 28 51 40
Mo Ruhetag
Bootslinie 1: Ca' d' Oro
In dem kleinen Lokal mit wenigen Tischen fühlt man sich, als wäre man bei den Wirtsleuten privat zu Gast. Aus der offenen Küche kommen exzellente Gerichte, die traditionelle Rezepte raffiniert verfeinern: z. B. die Bandnudeln mit Gorgonzola und Pistazien, die Gnocchi mit Pferderagout (vielleicht nicht jedermanns Sache), der geräucherte Schwertfisch, die Tiramisù. Chef Paolo Lazzari ist Weinexperte, dementsprechend reichhaltig ist die Weinkarte (mit vernünftigen Preisen). Menü um 60 000 ltl.

Spitzenreiter

La Caravella (E 6)
S. Marco 2397, Via XXII. Marzo
Tel. 04 15 20 89 01, Mi Ruhetag
Bootslinien 1: S. Maria del Giglio, 1, 82: S. Marco
Die Einrichtung imitiert frei den Salon einer spanischen Galeone; die ›Bordküche‹ ist ausgezeichnet, schwingt sich aber leider nicht zur Höhe des Preisniveaus hinauf. Das würde auch dem besten Koch schwerfallen: Mehr als 120 000 ltl. für's Menü verlangt kaum ein italienisches Spitzenrestaurant – und allererste Klasse haben in der Caravella allenfalls das elegante Ambiente und der makellose Service.

Cipriani (G 7)
Giudecca 10
Tel. 04 15 20 77 44
Bootslinien 52, 82: Zitelle
Im teuersten Hotel Venedigs befindet sich auch eines der besten Restaurants der Stadt – nicht zu verwechseln mit der ›Locanda Cipriani‹ auf Torcello, die durch Hemingway berühmt wurde, aber eher für literarische als für kulinarische Ausflüge taugt. Das ›Cipriani‹ auf der Giudecca erfüllt dagegen hohe Ansprüche an Küche und Ambiente: Luxuriöser kann man in Venedig nicht speisen. Ein Ziel für große Anlässe und/oder große Brieftaschen: 200 000 ltl. pro Person wird man hier spielend und genießend los.

Al Covo (H 5/6)
Castello 3968,
Campiello della Pescaria
Tel. 04 15 22 38 12
Mi und Do Ruhetag
Bootslinie 1: Arsenale
Erstklassiges Fischrestaurant in der Nähe des Arsenals. Cesare, der Chef, variiert vorsichtig die Gerichte der venezianischen Tradition – da gibt's dann mit Seebarsch gefüllte Ravioli, St.-Peters-Fisch mit Kürbisblüten oder die exzellente Nußtorte mit Karamelsauce. Französische Kollegen wären entgeistert: Butter und Sahne werden, wie die Karte stolz verkündet, auf keinen Fall verwendet, das einzige

Essen und Trinken

Gepflegt Dinieren in exquisitem Ambiente ...

zulässige Fett ist Olivenöl. Große Weinkarte, relativ zivile Preise (Hauptgerichte um 35 000, Menü um 75 000 ltl., mittags ein preisgünstigeres, kleines Menü).

Osteria da Fiore (D 4)
S. Polo 2202/A,
Calle del Scaleter
Tel. 041 72 13 08
So und Mo Ruhetag
Bootslinie 1: S. Silvestro, S. Stae
Die ehemalige Kneipe hat sich zum Edelrestaurant entwickelt, in dem venezianische Feinschmecker und Schickis ebenso essen gehen wie Amerikaner, Schweizer und Deutsche mit dem Gourmet-Führer unter Arm. Aus Mara Martins Küche kommen Fischgerichte allererster Qualität, aber auch Spitzen-*risotti* (z. B. mit Steinpilzen oder Scampi) und bemerkenswerte *dolci*. Reservierung unbedingt empfohlen. Hauptgerichte um 40 000, Menü um 90 000 ltl.

Nationalitätenküche

Kulinarisch sind die Italiener Nationalisten – mit gutem Grund. Ausländische Restaurants haben bei ihnen nicht entfernt so große Chancen wie in Deutschland, Holland oder England; die Konkurrenz der einheimischen Küche ist einfach zu groß. So gibt es auch in Venedig nur verhältnismäßig wenige Lokale, die ›exotische‹ Küche servieren.

Iguana (E 2)
Cannaregio 2515,
Fondamenta della Misericordia
Tel. 041 71 35 61
11.30–15.30, 18–24 Uhr,
Mo Ruhetag
Bootslinien 1, 82: S. Marcuola,
52: Madonna dell' Orto
Im abgelegenen Viertel bei der Kirche Madonna dell' Orto blühen neuerdings die Studentenkneipen

Essen und Trinken

... bei Kerzenschein und Lüsterglanz

auf. Da hat auch ein Mexikaner in Venedig Platz. Sangria, Tequila, natürlich Tortillas, Huhn- und Rindfleischgerichte, alles zu günstigen Preisen (Hauptgerichte um 12 000 ltl.).

Notti d' Oriente (E 2)
Cannaregio 2578,
Fondamenta della Misericordia
Tel. 04171 73 15
17–2 Uhr, Mo Ruhetag
Bootslinien 1, 82: S. Marcuola,
52: Madonna dell' Orto.
Das helle, ansprechend eingerichtete Lokal ist das hübscheste unter mehreren arabischen Restaurants in diesem Stadtteil. Im Sommer kann man sogar draußen am Kanal sitzen. Serviert wird vorwiegend jordanische Küche: z. B. ein vegetarisches Couscous (12 000 ltl.), Hommos (Kichererbsenpüree mit Knoblauch, 6000 ltl.) oder Kofta (Fleischspieße, 15 000 ltl.).

Shri Ganesh (C 4)
S. Polo 2426,
Rio Marin
Tel. 041 71 98 04,
Mi Ruhetag
Bootslinien 1, 52, 82: Ferrovia
Zu den Spezialitäten dieses indischen Restaurants zählen die Gemüseplatte (Navrathan Khorma, 15 000 ltl.) und das Mango-Pistazien-Eis (Kulfi, 7000 ltl.).

Al Tempio del Paradiso (F 4)
S. Marco 5495, Calle dell' Orso
Tel. 04 15 22 46 73
Tgl. 11.30–15 und 18–23 Uhr
Bootslinien 1, 82: Rialto
Eines der besten China-Restaurants der Stadt, mit freundlichem Service und ausgesprochenen Niedrigpreisen: Hauptgerichte um 8000, ein ganzes Menü 26 000 ltl. Nur für das China-Bier ›Tsing Tao‹ muß man tiefer in die Tasche greifen.

Essen und Trinken

Im ›Florian‹ sitzt man schon seit vielen Jahren und genießt beim *espresso* den Blick auf das bunte Treiben des Markusplatzes

Cafés

Bistrot (F 5)
S. Marco 4685, Calle dei Fabbri
Di Ruhetag
Bootslinien 1, 82: Rialto
Ein kulturell engagiertes Café-Restaurant, das einen Preis für junge Maler vergibt. Oft finden Grafik- oder Fotoausstellungen statt, abends auch Livemusik, Kabarett oder Dichterlesungen. Gemütliche Einrichtung und junges Publikum.

Café Blue (F 7)
Dorsoduro 3778, Crosera
So Ruhetag
Bootslinien 1, 82: S. Tomà
Bei Musik, Flipper und moderner Kunst an den Wänden trifft sich hier vor allem abends eine fast ausnahmslos junge Klientel.

Il Caffè (C 5)
Dorsoduro 2963,
Campo S. Margherita
So Ruhetag
Bootslinie 1: Ca' Rezzonico
Kleines, bei Studenten beliebtes Café, Musik (gelegentlich auch live), gute belegte Brote. Im Sommer sitzt man schön auf dem Campo.

Causin (C 5)
Dorsoduro 2996,
Campo S. Margherita
Sa Ruhetag
Bootslinie 1: Ca' Rezzonico
Manche meinen, hier gebe es das beste *gelato* der Stadt. Das ist nicht richtig: Bei ›Il Doge‹ gleich um die Ecke (und nicht nur dort) ist es besser. Aber man sitzt gut in dem traditionsreichen, schlichten Café mit den Bildern des alten Venedig an den Wänden.

Chioggia (F 6)
Piazzetta S. Marco 11
Bootlinien 1, 82: S. Marco
Die Alternative zu den teuren Cafés am Markusplatz: Gleich um die Ecke, gegenüber dem Dogenpalast, hübsch eingerichtet und von romantischen Klaviertönen

Essen und Trinken

beschallt. Innen allerdings ist der Platz eng; besser sitzt man draußen auf der Piazzetta.

Cico Bar (F 9)
S. Polo 1960, Campo S. Polo
So Ruhetag
Bootslinien 1, 82: S. Tomà
Vor allem die Lage an einem der schönsten und belebtesten Plätze der Stadt ist optimal: Über den *cappuccino* hinweg kann man dem immer interessanten Straßenleben zuschauen.

Florian (F 5)
Piazza S. Marco 56
Mi Ruhetag
Bootslinien 1, 82: S. Marco
Eines der berühmtesten Kaffeehäuser der Welt. Seit 280 Jahren hat kaum ein Venedig-Gast von Rang auf den Besuch im ›Florian‹ verzichtet und noch heute trifft sich hier die Prominenz, vor allem während der Filmfestspiele. Allein wegen der Einrichtung (Spiegel und Holzmalereien, plüschige Velours-Bänke) sollte man einmal hineinschauen, trotz der stilgerecht hohen Preise.

Gran Caffè Quadri (F 5)
Piazza S. Marco 120
Mo Ruhetag
Bootslinien 1, 82: S. Marco
Die historische Konkurrenz des ›Florian‹, im 19. Jh. das Café der österreichischen Besatzer und daher von den Venezianern boykottiert. Die hübsche Einrichtung und vor allem die Musikkapelle lassen noch immer wienerische Töne anklingen; es gibt sogar ›Kipferl‹ (hier *chifel* genannt).

Harry's Bar (F 6)
S. Marco 1323, Calle Vallaresso
Mo Ruhetag
Bootslinien 1, 82: S. Marco
›Harry's‹ gehört zur Venedig-Folklore wie die Tauben und die Gondeln. Hemingway hat der Bar literarische Unsterblichkeit verliehen, der clevere Chef Arrigo Cipriani fügte kulinarischen Ruhm dazu, als er das Fleischgericht *carpaccio* und den Aperitiv Bellini erfand. Der ›Bellini‹ ist ziemlich teuer, aber bezahlbar (18 000 Itl.), den *carpaccio* muß man ja nicht hier essen...

Lavena (F 5)
Piazza S. Marco 133
Di Ruhetag
Bootslinien 1, 82: S. Marco
Neben dem ›Florian‹ und dem ›Quadri‹ das dritte historische Café am Markusplatz, weniger berühmt als die Konkurrenz, aber die Lage ist ebenso gut und der Kaffee ausgezeichnet...

Eis

La Boutique del Gelato (F11)
Castello 5727, Salizzada S. Lio
Bootslinien 1, 82: Rialto
Vermutlich das beste Eis der Stadt: wenige, sorgfältig zubereitete Geschmacksrichtungen, cremige Konsistenz und Riesenportionen.

Il Doge (G 7)
Dorsoduro 3058/A
Rio Terrà Canal
Bootslinie 1: Ca' Rezzonico
Cremiges Eis von bester Qualität und große Portionen. Einziger Schwachpunkt: Bei manchen Sorten werden leider Aromastoffe statt frischer Früchte verwendet – die gut 40 unterschiedlichen Geschmackstypen sind vielleicht doch etwas viel…

Shopping

Seit jeher ist Venedig der Ästhetik verpflichtet. Schöne Dinge aus allen Gebieten lassen sich hier immer noch gut einkaufen, ob es sich nun um Antiquitäten oder Mode handelt, um Masken oder Marmorpapier, Schmuck oder Stoffe. Die meisten Geschäfte sind im Viertel zwischen Markusplatz und Rialto-Brücke konzentriert, in den Einkaufsstraßen der *mercerie*. Hier sind allerdings auch die Preise am höchsten, und manches kauft man in größerer Entfernung vom touristischen Zentrum günstiger. Viele Bekleidungs- und Schuhgeschäfte findet man beispielsweise im Straßenzug zwischen Rialto-Brücke und Campo S. Polo. Für Lebensmittel ist der ›Bauch von Venedig‹ um den Rialto-Markt das interessanteste Gebiet. Die alten Handwerkstraditionen sind vor allem auf den Inseln lebendig geblieben: Noch immer werden auf Burano Spitzen geklöppelt und auf Murano Gläser geblasen (s. Extra-Tour 4, S. 90f.).

Die Öffnungszeiten richten sich, sofern nicht anders angegeben, nach den auf der ›Blauen Seite‹ der Innenklappe angegebenen Zeiten.

Antiquitäten & Kunst

Antichità San Angelo (D 5)
S. Marco 3537, Calle dei Frati
Bootslinie 1: S. Angelo
Ein reizvolles Angebot von Drukken, alten Büchern und Schmuckstücken, Fächern u. a. mehr.

Antiquus (D 5)
San Marco 3131,
Calle de le Boteghe
Nobles Antiquitätengeschäft mit kostbarem Schmuck, Möbeln, alten Gemälden und Skulpturen.

BAC-Art-Studio (D 6)
Dorsoduro 862,
Piscine del Forner
Bootslinien 1, 82: Accademia
Mit ihren kostbaren Venedig-Grafiken haben Paolo Baruffaldi und Claudio Bazzicchetto seit 1977 mit großem Erfolg eine fast verlorene örtliche Tradition wiederbelebt.

Glas

Barovier & Toso (Sonderkarte)
Murano,
Fondamenta dei Vetrai 28
Bootslinie 52: Serenella oder Colonna
Einer der traditionsreichsten Betriebe auf der Glasbläserinsel Murano (s. Extra-Tour 4, S. 90f.).

Giorgio Nason (E 6)
Dorsoduro 167, Calle S. Gregorio
Bootslinie 1: Salute
In seinem kleinen Laden (gleichzeit Werkstatt) variiert Giorgi Nason auf originelle Art die alten Traditionen des Glasschmucks.

Paolo Rossi (G 5)
Castello 4685, Campo S. Zaccaria
Bootslinien 1, 52: S. Zaccaria

Shopping

Vorzügliche Imitate historischer Gläser. Wem es auf die Ästhetik ankommt und nicht auf die – unbezahlbaren – Originale, der ist hier ausgezeichnet bedient.

Venini (F 5)
S. Marco 314,
Piazzetta dei Leoncini,
Bootslinien 1, 82: S. Marco
Moderne Glas-Kunstwerke aus einem der international bekanntesten Betriebe der Branche.

Lebensmittel

Aliani (E 4)
S. Polo 654,
Ruga Vecchia S. Giovanni
Bootslinie 1, 82: Rialto
Ausgezeichnetes Angebot an Käse und Wurstwaren, vor allem aus Norditalien.

Didovich (F 4)
Castello 5908,
Campo di S. Marina
Bootslinien 1, 82: Rialto
Die Pasticceria-Bar am ruhigen Campo di S. Marina hat ein interessantes Kuchenangebot.

Enoteca Vino e Vini (H 5)
Castello 3301,
Fondamenta dei Furlani
Bootslinien 1, 52: S. Zaccaria
Gut sortierte Weinhandlung mit großem Angebot.

Panificio (D 4)
S. Polo 1265,
Calle della Madonnetta
Bootslinie 1: S. Silvestro
Eine besonders reiche Auswahl an Brot und Kuchen der venezianischen, z. T. österreichisch beeinflußten Tradition (Kipferl, Strudel...).

Pastificio (E 10)
S. Polo 376, Ruga degli Speziali
Bootslinien 1, 82: Rialto
Kleines Geschäft mit zwei Dutzend Sorten hausgemachter Teigwaren, darunter so ausgefallenen Sorten wie die Curry- oder Tintenfisch-*fettuccine,* daneben auch Oliven- oder Sesambrot u. a.

Markt

Rialto-Markt (E 4)
S. Polo, zwischen Rialto-Brücke und Pescaria
Bootslinien 1, 82: Rialto
Mo–Sa 8–16 Uhr,
Fischmarkt: Di–Sa 8–13 Uhr
Den farbenfrohen Rialto-Markt sollte man sich nicht entgehen lassen. Direkt am großen Kanal werden Gemüse, Käse, Wurstwaren, Obst und Fleisch verkauft. Besonders reizvoll ist der Fischmarkt im Gewölbe der Pescaria. Zahlreiche interessante Lebensmittelgeschäfte findet man auch in den benachbarten Gassen.

Masken

Sergio Boldrin (E 4)
S. Polo 80, Calle degli Orefici
(am Fuß der Rialto-Brücke)
Bootslinien 1, 82: Rialto
Künstlerische Masken, z. T. in der Tradition der *commedia dell' arte*, aber auch moderne Varianten. Voller Stolz hängt Boldrin eine Woody-Allen-Widmung an der Tür aus.

Laboratorio Artigiano Maschere (G 4)
Castello 6657, Barbaria delle Tole
Bootslinie 52: Ospedale Civile
Mit Gefühl rekonstruierte, historische Masken der *commedia dell'*

🛍 Shopping

Masken in allen Variationen: Und alle sind von Hand gefertigt

arte, wie sie im Karneval des 18. Jh. Verwendung fanden.

Pietro Longhi (D 4)
S. Polo 2616, Rio Terrà
Bootslinien 1, 82: S. Tomà
Das Atelier Longhi fertigt originelle, farbenfrohe Masken und historische Karnevalskostüme.

Mode

Coin (F 4)
Cannaregio 5792,
Salizzada di S. Giovanni
Crisostomo
Bootslinien 1, 82: Rialto
Eines der wenigen Kaufhäuser der Stadt, mit großem und vergleichsweise preisgünstigen Angebot an Herren- und Damenkleidung.

Duca d' Aosta (F 4/5)
S. Marco 4945,
Mercerie del Capitello
Bootslinien 1, 82: Rialto
Eines der zahlreichen klassisch-eleganten Modegeschäfte im Gebiet zwischen S. Marco und Rialto-Brücke.

Franz (D 6)
S. Marco 2770, Calle del Spezier
Bootslinien 1, 82: Accademia
Franz, mit bürgerlichem Namen Franco Zancan, hat für Prominenz aus aller Welt handgearbeitete Schuhe herstellen lassen. Mittlerweile verkauft er nur noch elegante Spitzen-Nachthemden, Blusen, Pullover und Schals, denn für die Produktion der Edel-Schuhe findet er keine Arbeitskräfte mehr.

Luisa Spagnoli (F 4)
S. Marco 5534,
Campo S. Bartolomeo
Bootslinien 1, 82: Rialto
Damenmodegeschäft der legendären Modedesignerin.

Roberto Talin (C 5)
Dorsoduro 3769, Crosera
Bootslinien 1, 82: S. Tomà
In seiner winzigen, chaotischen Werkstatt fertigt Roberto Talin elegante Schuhe nach Maß.

Shopping

Musik

Nalesso (D 6)
S. Marco 2765/D,
Calle del Spezier
Bootslinien 1, 82: Accademia
Große Auswahl an Noten und CDs, spezialisiert vor allem auf die venezianische Musik des 18. Jh.

Papier

Gianni Basso (G 3)
Cannaregio 5306, Calle del Fumo
Bootslinie 52: Fondamenta Nuove
Gianni Basso druckt auf seinen Handpressen besonders schöne, persönlich gestaltete Visitenkarten, Briefpapier, Einladungen.

Legatoria Piazzesi (E 6)
S. Marco 2511,
Campiello della Feltrina
Bootslinie 1: S. Maria del Giglio
Die *legatoria* pflegt seit Beginn des 20. Jh. die Tradition handbedruckten Papiers, aus dem Hefte, Notizbücher, Kalender und Briefbögen gefertigt werden. Hübsch sind auch die Figuren aus Pappmaché.

Alberto Valese (D 5)
S. Marco 3471,
Campiello S. Stefano
Bootslinien 1, 82: Accademia
Reiche Auswahl an fantasievoll bedrucktem, farbigen Papier.

Schmuck

Anticlea Antiquariato (G 5)
Castello 4719/A, Calle S. Provolo
Bootslinien 1, 52, 82: S. Zaccaria
Ein herrliches Durcheinander alter und neuerer Juwelen, Ringe, Perlen, Halsketten in allen Farben.

Feine Stoffe in wunderschönen Pastelltönen nach Art des spanischen Künstlers Fortuny

Attilio Codognato (F 6)
S. Marco 1295,
Calle Seconda dell' Ascensione
Bootslinien 1, 82: S. Marco
Das stilvolle Geschäft ist eine Schatzkammer mit vorwiegend alten, wertvollen Schmuckstücken.

Stoffe

Norelene (D 7)
Dorsoduro 727, Calle della Chiesa
Bootslinien 1, 82: Accademia
Aus den handbedruckten Stoffen der Französin Hélène Ferruzzi entstehen Hüte, Tücher, Taschen, Kissen und Kleidungsstücke von großem Reiz.

Venetia Studium-Delphos (E 6)
S. Marco 2403, Via XXII. Marzo
Bootslinien 1, 82: S. Marco
Seidenschals, Halstücher, Stoffe im Stil des spanischen Künstlers Mariano Fortuny (s. S. 73f.).

Nightlife

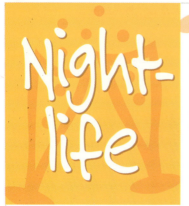

In Venedig ist zwar, jedenfalls im Sommerhalbjahr, bis Mitternacht auf den Gassen und Plätzen immer etwas los, es gibt aber kaum spezielle Lokale des Nightlife: Diskotheken, Musikclubs, Szenelokale, Nachtbars. Vorbei sind die Zeiten, als Reisende aus ganz Europa in der dekadenten Metropole mehr oder weniger pikante Unterhaltung suchten. Heute begeben sich die Gäste eher auf Mondscheinspaziergänge an der Lagune und sinken spätestens um Mitternacht ins Bett.

Die meisten Venezianer gehen spätabends auch nicht mehr aus; nur im Studentenviertel um den Campo S. Margherita und im abgelegenen Cannaregio herrscht nach Mitternacht noch Leben. Szenelokale sind dünn gesät, schon ihre vielfach englischen Namen zeigen, daß sie in der Stadt einen Fremdkörper darstellen. Noch seltener findet man vornehmere Etablissements wie Pianobars und Clubs. Nachtschwärmer haben kaum Chancen; unter diesem Aspekt präsentiert sich Venedig so wie es – auch – ist, nämlich als Provinzstadt mit 70 000 Einwohnern und nicht als internationales Touristenzentrum.

Beliebte Kneipen/ typische Lokale

Devil's Forest (F 4)
S. Marco 5185, Calle dei Stagneri
Tel. 04 15 20 06 23
8–1 Uhr, Mo Ruhetag
Bootslinien 1, 82: Rialto
Devil's Forest kommt von allen venezianischen Lokalen am ehesten einer Szenekneipe nahe. Zur Einrichtung im Pub-Stil gehört auch eine original britische Telefonzelle (Telefon funktioniert!), neben dem Dudelsack hängt allerdings ein eher alpenländischer Hirschkopf an der Wand. Nicht zu laute Musik (gelegentlich auch live), das kulinarische Angebot verbindet England (Bier) und Italien (belegte Brote, *dolci*).

Enoteca (D 2)
Cannaregio 2710,
Fondamenta degli Ormesini
9–2 Uhr, So Ruhetag
Bootslinien 1, 82: S. Marcuola,
52: Madonna dell' Orto
Ein schlichtes Lokal mit wenigen Holztischen, aber 30 Weinen im Ausschank und (für italienische Verhältnisse geradezu sensationell!) mehr als 100 Biersorten (davon drei vom Faß). Das junge Publikum läßt sich bis nach Mitternacht von Musik beschallen.

The Fiddler's Elbow (E 3)
Cannaregio 3847, Corte dei Pali
Tel. 04 15 23 99 30
Tgl. 17–24 Uhr
Bootslinie 1: Ca' d' Oro
Der rege Betrieb in diesem ›Irish Pub‹ quillt oft bis auf die Straße über. Zu essen gibt's nichts, man kann zwischen vielen Biersorten (vom Faß) und Irish Coffee wählen, selbst der Fernseher tönt englisch.

Nightlife

Old Well Pub (C 4)
S. Croce 656, Corte Canal
Tel. 04 15 24 27 60
12–15, 19–2 Uhr, Mo Ruhetag
Bootslinien 1, 52, 82: Ferrovia
In dem preisgünstigen, bei jungen Leuten beliebten Lokal bekommt man noch spät etwas zu essen – Pizza und Crêpes, aber auch ganze Menüs. Gelegentlich gibt's Kabarettvorstellungen.

Ai Postali (C 4)
S. Croce 821, Fond. Rio Marin
Tel. 041 71 51 56
18–1 Uhr, Di Ruhetag
Bootslinien 1, 52, 82: Ferrovia
In dieser beliebten *osteria* hängen Angebot und Öffnungszeiten von der Laune des Wirts Lilli ab. Wein und Bier gibt's immer, die vorzüglichen Crêpes oder *bruschette* (belegte Röstbrote) bekommt man nicht jeden Tag. Trotzdem: Die Stimmung ist meist ausgezeichnet – vor allem an lauen Sommerabenden, wenn man draußen am Kanal sitzen kann.

Feine Fluchten

Haig's (Il Giglio, E 6)
S. Marco 2477,
Campo S. Maria del Giglio
Tel. 04 15 23 23 68
9–4 Uhr, Mi Ruhetag
Bootslinie 1: S. Maria del Giglio
Die Glasveranda des ›Haig's‹ ist der einzige Platz in Venedig, an dem man auch am frühen Morgen noch essen kann – allerdings zu gesalzenen Preisen (Menü ab 80 000 Itl.). Der Treffpunkt aller Nachtschwärmer, die es sich leisten mögen. Und man kann's ja bei einem Digestif belassen...

Martini Scala (E 6)
S. Marco 1980, Campo S. Fantin
Tel. 04 15 22 41 21
21–3.30 Uhr, Di Ruhetag
Bootslinien 1: S. Maria del Giglio, 82: S. Samuele
Kerzenschimmer und leichtes Klaviergesäusel für späte Gäste, die das Menü im dazugehörigen Restaurant ›Antico Martini‹ verpaßt haben – oder anschließend weiterfeiern wollen.

Piccolo Mondo (D 6)
Dorsoduro 1056,
Calle Contarini Corfù
Tel. 04 15 20 03 71
22–4 Uhr, Mo Ruhetag
Bootslinien 1, 82: Accademia
Man höre und staune: Die einzige Disco im historischen Venedig! Eher vom diskret-gehobenen Zuschnitt: Maximal 80 Leute passen hinein, die Gesichts- und Kleiderkontrolleure am Eingang sortieren jeden aus, der ihnen zu freakig erscheint. Jackett und Krawatte sind trotzdem nicht notwendig, die Preise vertretbar: 15 000 Itl. für den Eintritt inkl. eines Getränks (am Samstag 18 000 Itl.), jedes weitere Getränk 10 000 Itl.

Lokale mit Livemusik

Bistrot (F 5)
S. Marco 4685, Calle dei Fabbri
Tel. 04 15 23 66 51
9–1.30 Uhr, Di Ruhetag
Bootslinien 1, 82: Rialto
Das freundliche Café-Restaurant mit kulturellen Ambitionen veranstaltet häufig Konzerte, daneben auch Lesungen, Kabarett und Ausstellungen. Fragen Sie nach dem Programm!

Da Còdroma (B 6)
Dorsoduro 2540,

Nightlife

Venedig bei Nacht: Es kann kaum romantischer sein

Fondamenta Briati
Tel. 04 15 24 67 98
9.30–16, 18.30–1 Uhr,
Do Ruhetag
Bootslinien 1: Ca' Rezzonico,
52: S. Basilio
Studentisches Publikum trägt zur lockeren Kneipenatmosphäre bei. Preiswerte Häppchen und belegte Brote dienen der Stärkung zwischendurch. Ein- oder zweimal in der Woche Livemusik.

Dott. Jazz e Mr. Funk (C 5)

Dorsoduro 3102,
Fondamenta dello Squero
Tel. 04 15 23 10 78,
19–4 Uhr, Mi Ruhetag
Bootslinie 1: Ca' Rezzonico
Hauptsächlich am Wochenende spielen hier Jazz- und Rockgruppen live, an anderen Tagen gibt es Musik vom Band.

Moriòn (H 4)

Castello 2951, Calle del Moriòn
Tel. 04 15 20 51 63
21–2 Uhr
Bootslinie 52: Ospedale Civile
Das selbstverwaltete Jugendzentrum – eindeutig das ›alternativste‹ Lokal der Stadt – veranstaltet Jazz- und Rocksessions.

Al Paradiso Perduto (E 2)

Cannaregio 2540,
Fondamenta della Misericordia
Tel. 041 72 05 81

Nightlife

19–2 Uhr, Mi Ruhetag
Bootslinien 1, 82: S. Marcuola,
52: Madonna dell' Orto
Ein Klassiker der venezianischen Kneipenszene. Für die hiesigen Verhältnisse leicht freakig, manchmal finden große Schwoffeste statt, gelegentlich auch Jazzsessions.

Draußen sitzen

Kein Problem – wie in Italien üblich, stellen die venezianischen Cafés, Trattorien und Studentenlokale ihre Stühle auf Gassen und Plätze, wo immer sich Raum dazu bietet. Bis Mitternacht kann man in den lauen Sommernächten in der ganzen Stadt sein Glas Wein im Freien trinken. Danach wird es allerdings schwierig; am ehesten hat man am Campo S. Margherita Chancen, wo sich das Nachtleben länger ›rauszieht‹ als anderswo in Venedig.

Du Champ (C 5)
Dorsoduro 3019,
Campo S. Margherita
Tel. 04 15 28 62 55
10–2 Uhr, So Ruhetag
Bootslinie 1: Ca' Rezzonico
Zusammen mit dem ›Caffè‹ (s. S. 43) und dem ›Green Pub‹ (s. unten) eines der Lokale, in denen man bis 2 Uhr nachts auf dem um diese Uhrzeit belebtesten Platz Venedigs sitzen kann.

Green Pub (C 5)
Dorsoduro 3053/A,
Campo S. Margherita
Tel. 04 15 20 59 76
10–2 Uhr, Do Ruhetag
Bootslinie 1: Ca' Rezzonico
Ebenfalls am Campo S. Margherita. Das Bier ist englisch oder deutsch, die Sandwiches ur-venezianisch.

L' Olandese Volante (F 4)
Castello 5658, Campo S. Lio
Tel. 04 15 28 93 49
10–1 Uhr, So Ruhetag
Bootslinien 1, 82: Rialto
Der ›Fliegende Holländer‹ bietet eine riesige Bierauswahl, daneben auch preiswerte kleine Speisen. Man sitzt gemütlich auf dem Campo S. Lio in der Nähe der Rialto-Brücke.

Kultur & Unterhaltung

Feste und Festivals

März
›Su e Zo per i Ponti‹, die Brücken rauf und runter, rennen viele Venezianer bei dem gleichnamigen Volkslauf am zweiten Sonntag im März durch alle sechs Stadtteile.

Mai
›**Festa della Sensa**‹: Am Himmelfahrtstag fand früher die feierliche ›Vermählung des Dogen mit dem Meer‹ statt. Von seinem Prunkschiff, dem *bucintoro,* warf der Doge einen Ehering ins Wasser der Adria. Zur Erinnerung daran fahren städtische, kirchliche und militärische Würdenträger noch heute an diesem Tag gemeinsam zum Lido; dort versenkt der Bürgermeister einen Ring und einen Lorbeerkranz im Meer.
›**Vogalonga**‹: Das Gegenstück zum Volkslauf ›Su e Zo per i Ponti‹. Die populäre Regatta steht allen an der Teilnahme interessierten Ruderern offen. Sie führt über eine Strecke von 32 km nach Burano und zurück.

Juni
Die alle zwei Jahre – in Jahren mit ungerader Zahl – stattfindende Kunstbiennale gehört zu den großen Veranstaltungen zeitgenössischer Kunst. Sie wurde 1895 begründet. Neben den Länderpavillons der *giardini pubblici* werden heute auch die Seilerei *(corderie)* des Arsenals, die Scuola di S. Giovanni Evangelista und andere Gebäude für die Ausstellungen benutzt, die meist bis Ende September offenstehen. Von Anfang an war die Biennale für Skandale gut: Schon im Eröffnungsjahr erregte ein Bild des Malers Giacomo Grosso Anstoß, das nackte Frauen an einem Sarg zeigte. Andererseits bekamen die Veranstalter manchmal auch Angst vor der eigenen Courage: 1910 wurde ein Picasso-Bild von der Ausstellung verbannt.

Juli
Die ›**Festa del Redentore**‹ am 3. Juli-Sonntag zählt zu den eindrucksvollsten venezianischen Festen. Sie erinnert an das Ende einer Pestepidemie 1576. Bereits am Vorabend fahren viele Einheimische mit geschmückten Booten auf den Giudecca-Kanal, um dort bis zum mitternächtlichen Feuerwerk zu speisen und zu feiern. Bis in die frühen Morgenstunden geht das Fest dann auf dem Lido weiter. Am Sonntag zieht eine religiöse Prozession auf einer Pontonbrücke von den Zattere zur Redentore-Kirche.

August/September
Während des zweiwöchigen **Internationalen Filmfestivals** versammelt sich in Venedig Kinoprominenz aus aller Welt. Die Vorführungen finden im Palazzo del Cinema auf dem Lido statt; viele Filme sind aber auch in Open-Air-Kinos auf den Plätzen des historischen Zentrums zu sehen. Das

Kultur & Unterhaltung

Festival findet seinen Abschluß mit der Verleihung des begehrten Goldenen Löwen.

September
Die ›Regata Storica‹ am 1. September-Sonntag verbindet eine glanzvolle Fahrt historischer Schiffe auf dem Canal Grande mit einer Gondelregatta, bei der Stadtbezirke und Inseln miteinander konkurrieren.

September/Oktober
Das 1930 begründete **Festival für zeitgenössische Musik** bietet Konzerte von hervorragender Qualität. In den vergangenen Jahren wurden bei dieser Gelegenheit unter anderem Opern von Strawinsky und Britten uraufgeführt.

November
Anläßlich der ›**Festa della Salute**‹ am 21. November ziehen viele Venezianer über eine Pontonbrücke zur S. Maria della Salute, um auf dem Kirchenvorplatz eine Kerze zu entzünden.

Galerien

Il Capricorno (E 6)
S. Marco 1994,
Calle drio la Chiesa,
Tel. 04 15 20 69 20
Bootslinien 1: S. Maria del Giglio, 1, 82: S. Marco
Wichtige Galerie für moderne Kunst.

Galleria Contini (D 6)
S. Marco 2765,
Calle del Spezier
Tel. 04 15 20 49 42
Bootslinie 1: S. Maria del Giglio
Künstler des 20. Jh., vor allem klassische Moderne und Surrealismus. Für Normalverbraucher nur zum Anschauen: Die Preise für einen Chagall, Mirò oder Morandi gehen von 500 000 DM aufwärts...

Prächtiges Farbenspiel: Die ›Regata Storica‹ ist immer sehenswert

Kultur & Unterhaltung

S. Gregorio Art Gallery (E 6)
Dorsoduro 165,
Calle S. Gregorio
Tel. 04 15 22 92 96
Bootslinie 1: Salute
Kleine Galerie mit originellen Ausstellungen zeitgenössischer Künstler.

Glücksspiel

Casino Municipale
Lido, Lungomare Marconi 4
(außerh.)
Tel. 04 15 29 71 11
16–2.30 Uhr
Bootslinie 52: Casinò
und: Cannaregio 2040,
Strada Nuova (E 3)
Tel. 04 15 29 71 11
15–2.30 Uhr
Bootslinien 1, 82: S. Marcuola

Venedigs Spielkasino befindet sich vom 15. April bis Ende Sept. am Lido, im Winterhalbjahr (15. Okt.–Ende März) zieht es in den Palazzo Vendramin-Calergi am Canal Grande um. Teure Nachtclubs sorgen für ein Begleitprogramm. An den Spieltischen wird elegantes Outfit erwartet (Pflicht: Jackett/Krawatte), Paß oder Personalausweis sind unerläßlich. Eintritt: 18 000 ltl.

Kino

Während der Filmfestspiele (s. oben) wird Venedig zur Filmmetropole; ansonsten ist das Angebot eher schwach. Programmkinos sind:

Accademia (D 6)
Dorsoduro 1019, Calle Corfù
Tel. 04 15 28 77 06
Bootslinien 1, 82: Accademia

Olimpia (F 5)
S. Marco 1094,
Campo S. Gallo
Tel. 04 15 20 54 39
Bootslinien 1, 82: S. Marco

Kulturprogramm

**Den besten Überblick über das venezianische Kulturprogramm kann man sich in der monatlich erscheinenden Zeitschrift »Venezia News« verschaffen.
Bei den Touristen-Informationsbüros (s. S. 16) erhält man zusätzlich Hinweise auf Ausstellungen und Konzerte.
Die Veranstaltungen des jeweiligen Tages (einschließlich des Kinoprogramms) erfährt man aus der örtlichen Tageszeitung »Il Gazzettino«.**

Musik/Konzerte

Konzerte finden das ganze Jahr über vor allem in den Kirchen statt, etwa in S. Maria Gloriosa dei Frari, S. Stefano oder der ›Vivaldikirche‹ della Pietà. Auskunft erhält man in den Informationsbroschüren des Touristenbüros und den Tageszeitungen.

Ai Musicanti (F 5)
Castello 4309,
Ponte della Canonica
Tel. 041520 89 22
Bootslinien 1, 52, 82: S. Zaccaria

Kultur & Unterhaltung

Feiertage in Italien

Erstaunlich: Das katholische Italien hat weniger kirchliche Feiertage als viele andere Länder. So sind beispielsweise Christi Himmelfahrt, Fronleichnam und Pfingstmontag normale Arbeitstage.

1. Januar (Neujahr)
6. Januar (Heilige Drei Könige)
Ostermontag
25. April (Tag der Befreiung Ende des Zweiten Weltkriegs)
1. Mai (Tag der Arbeit)
15. August (Mariä Himmelfahrt, *Ferragosto*)
1. November (Allerheiligen)
8. Dezember (Mariä Empfängnis)
25. und 26. Dezember *(Natale)*

Kein ›echt venezianisches Lokal‹ – die meisten Gäste sind Touristen. Aber die gut vorgetragene Musik, darunter viele Gondellieder, stammt zum großen Teil aus der einheimischen Tradition.

Oper

La Fenice (E 6)
S. Marco 2549, Campo S. Fantin
Tel. 04 15 21 01 61,
Fax 041 78 65 05
Bootslinien 1: S. Maria del Giglio, 1, 82: S. Marco
Das weltberühmte, klassizistische Opernhaus brannte Anfang 1996 ab; die Arbeiten für eine Wiedererrichtung im alten Stil sind in vollem Gang. In der Zwischenzeit finden die Aufführungen im **Theaterzelt Palafenice** auf der Tronchetto-Insel statt (Tel./Fax s. o., Bootslinien 3, 4, 82: Tronchetto).

Theater

Teatro Avogaria (B 6)
Dorsoduro 1617,
Calle dell' Avogaria
Tel. 04 15 20 61 30
Bootslinie 82: S. Basilio
Winziges Theater mit venezianischen Dialektstücken.

Teatro Fondamenta Nuove (G 3)
Cannaregio 5013,
Fondamenta Nuove
Tel. 04 15 22 44 98
Bootslinie 52: Fondamenta Nuove
Das frischeste Theater der Stadt, vorwiegend modern-experimentelles Theater und Tanz.

Teatro Goldoni (E 5)
S. Marco 4650, Calle del Teatro
Tel. 04 15 20 54 22
Bootslinien 1, 82: Rialto
Natürlich ist Carlo Goldoni, der venezianische Komödiendichter des 18. Jh., im Spielplan immer wieder vertreten; doch das Theater führt auch zeitgenössische Stücke auf.

Teatro Malibran (E 11)
Cannaregio 5870,
S. Giovanni Crisostomo
Tel. 04 15 21 01 61
Bootslinien 1, 82: Rialto
Das bereits 1678 eröffnete Theater ist heute eine Dependance der ›Fenice‹; es wird vorwiegend für Ballett-Aufführungen genutzt. Gegenwärtig wegen Restaurierung geschlossen.

Freizeit & Fitness

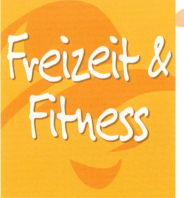

Fast alle Sportanlagen Venedigs befinden sich am Lido. Natürlich kann man in der Altstadt ›die Brücken rauf und runter‹ joggen, wie die Venezianer selbst es beim Volkslauf am zweiten Sonntag im März machen (s. S. 52), aber zu allen anderen Zeiten riskiert man dabei eine Menge ungläubiger Blicke. Wollen Sie aber auf den morgendlichen Lauf nicht verzichten, sollten Sie Ihrem Bewegungsdrang in den *giardini pubblici* (s. S. 57 und 75) frönen. Oder, wie alles andere: am Lido.

Golf

Circolo Golf di Venezia
Via del Forte,
Alberoni, Lido,
Tel. 041 73 13 33
Bootslinien 1, 6, 52, 82 bis Lido, dann Buslinie C oder 9 km mit Taxi
Auf Venedigs einzigem Golfplatz dürfen Sie für 100 000 Itl. spielen, wenn Sie einen heimischen Clubausweis vorzeigen. 18-Loch-Anlage.

Radfahren

Fahrradverleih Bruno Lazzari
Viale S. Maria Elisabetta 21/B,
Tel. 04 15 26 80 19,
Tgl. 9–19.30 Uhr
Bootslinien 1, 6, 52, 82: Lido
Bei dem Verleih auf dem Lido bekommt man Tourenräder und Mountainbikes für 15 000 Itl./Tag. Die langgestreckten Landstreifen der Lidi sind für Radtouren gut geeignet, z. T. kann man auf den Dämmen fahren.

Reiten

Circolo Ippico Veneziano
Ca' Bianca, Lido, Via Colombo
Tel. 04 15 26 51 62,
Bootslinien 1, 6, 52, 82: Lido,
dann Buslinien B, C
Veranstaltet Reitkurse.

Rudern

Obwohl es von Booten nur so wimmelt und die Venezianer selbst gern rudern, kann man in Venedig keine Ruderboote ausleihen. Ruder- und Kanukurse veranstaltet dagegen:

Circolo Canottieri Diadora
Ca' Bianca, Lido,
Via Sandro Gallo 136/B,
Tel. 04 15 26 57 42
Oder doch lieber zuschauen: Bei einer der 120 Regatten, die im Sommerhalbjahr in der Lagune veranstaltet werden (s. Feste S. 52f.).

Schwimmen

Natürlich nicht in der Lagune, wo's zu dreckig, zu befahren und aus

Freizeit & Fitness

gutem Grund verboten ist. Sehr viel besser sieht es an den Lidostränden aus. Im Sommer sind sie allerdings zum guten Teil von den Hotels besetzt (hohe Eintrittspreise); dann kann man nach Alberoni, Murazzi, oder S. Niccolò ausweichen (ab Lido – S. Maria Elisabetta mit Buslinien B/C).

Schwimmbäder: Einziges Hotel mit Pool in Venedig ist das Luxushotel Cipriani.

Städtisches Schwimmbad S. Biagio
Sacca Fisola, Giudecca,
Tel. 04 15 28 54 30
Bootslinie 82: Sacca Fisola

Städtisches Schwimmbad S. Alvise
Cannaregio 3161
Tel. 041 71 35 67
Bootslinie S. Alvise

Eintrittspreise der Städtischen Schwimmbäder: 7500 ltl.
Wechselnde Öffnungszeiten, meist nur 2–3 Std. am Tag geöffnet.

Tennis

Für rund 30 DM/Std. kann man in folgenden Clubs auf dem Lido Plätze mieten:
Bootslinien: 1, 8, 52, 82: Lido, S. Maria Elisabetta

Lido
Via Sandro Gallo 163
Tel. 04 15 26 09 54

Ca' del Moro
Via F. Parri 6
Tel. 041 77 09 65

Venezia
Lungomare G. Marconi 41/d,
Tel. 04 15 26 03 35
Für Nicht-Mitglieder nur von Nov.–Apr.

Unternehmungen mit Kindern

Besondere Attraktionen für Kinder sind in Venedig dünn gesät. Doch eine Stadt ohne Autoverkehr, in der man sich gefahrlos bewegen kann und immer wieder Bootsfahrten unternimmt, ist schon durch ihre Anlage kinderfreundlich. Dazu kommt: Wie überall in Italien werden Kinder auch in Venedig in Restaurants selten als störend empfunden.

Glasbläser
Glasbläsern bei der Arbeit zuzuschauen, gefällt den meisten Kindern. Man muß dazu nicht unbedingt nach Murano fahren (s. S. 90f.). In Venedig trifft man gelegentlich auf Geschäfte, wo während des Verkaufsbetriebs Glasobjekte hergestellt werden, z. B. im Glasladen Ecke Rio Terrà/Calle di Tagliapietra in der Nähe der Frari-Kirche (F 8).

Giardini Pubblici (K 7)
In der Parkanlage im Ostteil der Stadt (s. S. 75) gibt es einen kleinen Spielplatz. Hier haben Kinder auch die Chance, Spielgefährten zu treffen. Übrigens: Auch auf vielen städtischen Plätzen, vor allem auf dem großen Campo S. Polo, spielen einheimische Kinder.

Schiffahrtsmuseum (J 6)
Die Modelle von Segel- und Motorschiffen und die Ausrüstungsgegenstände können manche Kinder und Jugendliche begeistern (s. auch S. 74).

Lido
Wenn das Wetter es erlaubt: Ein Ausflug an den Strand macht immer Spaß.

Sightseeing

Stadtteile

Cannaregio
(A–G 1–3)
Cannaregio dehnt sich zwischen dem Bahnhof, der Lagune, dem Canal Grande und der Rialto-Brücke aus. Immer belebt ist der lange Straßenzug Lista di Spagna – Rio Terrà S. Leonardo – Strada Nuova mit seinen Läden, Bars und kleinen Märkten. Nördlich davon gelangt man in stille, fast verlassen wirkende Stadtteile, in denen auf den Kanälen die Boote dümpeln und von den Hausfassaden der Putz abblättert. In diesem Viertel haben an den Fondamenta Ormesini und den Fondamenta della Sensa einige Lokale der Jugendszene einen Platz gefunden. Ganz in der Nähe erinnert das Ghetto an die Zeiten, als die jüdische Gemeinschaft von Venedig viele tausend Mitglieder zählte.

Castello (G 3–6 bis K 4–7)
Der größte der venezianischen *sestieri* (Stadtsechstel) erstreckt sich von der Seufzer-Brücke bis in die abgelegenen *quartieri* um die frühere Kathedrale S. Pietro. Viel Betrieb herrscht nur auf der Uferpromenade Riva degli Schiavoni, wo sich ein Nobelhotel an das andere reiht. Weiter östlich beruhigt sich das Treiben, vor allem im Arbeiterviertel um die Via Garibaldi, in das sich nur wenige Touristen verlaufen. Von hier gelangt man auch in die größte Parkanlage Venedigs, in die ›Giardini Pubblici‹; alle zwei Jahre im Sommer sind sie Schauplatz der Kunstbiennale.

Vor allem Klöster und Handwerksbetriebe haben den Stadtteil geprägt. An die Klöster erinnern noch schöne Kirchen, wie SS. Giovanni e Paolo, S. Francesco della Vigna, S. Zaccaria. Die Handwerker arbeiteten früher für das Arsenal – einst die größte Werft und Waffenschmiede Europas. Noch heute finden sich viele kleine Werkstätten in der Gegend; sie stellen zwar kein Schiffszubehör mehr her, dafür aber Masken, Kunstgewerbe, Möbel...

Dorsoduro
(A/C 5–8, D/E 6–8, F–H 7/8)
In der Nähe der Universität spielt sich das studentische Leben ab: Hier befinden sich Buchläden und preiswerte Lokale, und der Campo S. Margherita ist bis spät in die Nacht belebt. Doch der Dorsoduro hat noch andere Gesichter. Weiter östlich, zwischen Accademia-Museum, Guggenheim-Galerie und Salute-Kirche liegt traditionell das Viertel der Künstler; an der Uferpromenade der ›Zattere‹ treffen sich Einheimische und Touristen zum Eis oder Kaffee mit Blick über den Giudecca-Kanal; bei S. Angelo Raffaele und S. Nicolo dei Mendicanti gelangt man in ein ruhiges, fast verlassen wirkendes, ehemaliges ArbeiterviertelTel. 041Zu Dorsoduro zählen auch die Inseln S. Giorgio Maggiore und Giudecca.

Sightseeing

S. Croce (A–E 3/4)
Der einzige Stadtteil des historischen Venedig mit Autoverkehr: Im Westen von S. Croce befinden sich Parkhäuser und der Busbahnhof am Piazzale Roma. Die Modernisierung begann schon 1810, als Napoleon das Kloster S. Croce abreißen ließ, das dem *sestiere* seinen Namen gab. Durch S. Croce strömen morgens und abends die Pendler, die vom Bahnhof oder dem Piazzale Roma ins Zentrum streben. Das Eigenleben des Stadtviertels entfaltet sich am stärksten um den Campo dei Tolentini, in der Nähe der Architekturfakultät der Universität, sowie am hübschen, ruhigen Campo S. Giacomo dell' Orio.

S. Marco
(F/G 4–6, D/E 5/6)
Zwischen dem Markusplatz und der Rialto-Brücke tobt das touristische Leben. So voll, so laut und berühmt ist kein anderer Stadtteil. Auch nicht so fein und so teuer: Hier liegen die nobelsten Geschäfte von Venedig, vor allem in den *mercerie,* den Einkaufsgassen um den Markusplatz. Antiquitäten, Juwelen, Kleidung, Kunst, dazwischen Snackbars und Souvenirläden – schon immer blühte in diesem Viertel das Geschäft. Um sich vom Einkaufsstreß zu erholen begibt man sich auf die weiten Plätze: auf dem Markusplatz, wo sich Taubengegurr und Kaffeehauswalzer mischen, aber auch auf die ruhigeren *campi* S. Stefano und S. Angelo. Die Einheimischen treffen sich gern beim Goldoni-Denkmal direkt an der Rialto-Brücke.

S. Polo (C–E 4/5)
Der kleinste Stadtteil zeigt Venedig in konzentrierter Form: Märkte, Läden, Kirchen, Plätze... Von hier aus, im Gebiet um den

Hier läßt es sich wohnen: An den romantischen Kanälen im Dorsoduro

Sightseeing

Bauen in Venedig

Unter dem flachen Wasser der venezianischen Lagune befinden sich eine Schlammschicht und darunter ein etwa 1 m dicker Schwemmgrund aus Flußablagerungen, dem sich in der Tiefe ein tragfähiger Sand- und Tonuntergrund anschließt. Die Gebäude der Stadt stehen auf Lärchen- oder Eichenpfählen, die so tief in die Lagune getrieben wurden, daß ihre Spitze gerade noch aus den Schwemmablagerungen hervorschaut. Darüber legte man früher einen Rost aus kreuzweise verbundenen Lärchenstämmen. Bei großen *palazzi* und Kirchen folgten darauf Grundmauern aus Kalkstein, die bis einige Fuß über dem höchsten Wasserstand hochgezogen wurden. Bei einfachen Häusern verwendete man statt dessen Bruchsteine. Die Rialto-Brücke steht auf rund 12 000 Pfählen, für die Salute-Kirche benötigte man hingegen rund 176 000 Stämme! Die Fundamente werden durch das Gewicht der Gebäude ungleichmäßig zusammengepreßt. Um den daraus resultierenden unregelmäßigen Setzungen entgegenzuwirken, legte man horizontale Lagerhölzer in das Mauerwerk. In manchen Kirchen sieht man noch heute Ankerhölzer, welche die Wände untereinander verbinden. In die venezianische Architektur haben so Techniken des Schiffsbaus Eingang gefunden.

Rialto, begann sich die Stadt vor gut 1000 Jahren auszudehnen; hier ließen sich die ersten Händler nieder, und noch heute finden sich am Ufer des Canal Grande der Lebensmittel- und der Fischmarkt. Im Straßenzug zwischen Rialto und Campo S. Polo befindet sich ein Geschäft neben dem anderen – ebenso dicht gedrängt, aber preiswerter und ›einheimischer‹ als im Gebiet um S. Marco. In den schmalen Gassen wird es schnell eng, dafür ist der Campo S. Polo nach dem Markusplatz die größte unbebaute Fläche der Stadt. Stundenlang kann man hier bei einem Kaffee oder einem Glas Wein sitzen und das geschäftige Treiben beobachten. Mit der Frari-Kirche, der Scuola di S. Rocco und den *palazzi* am Canal Grande besitzt S. Polo zudem große Kunstwerke.

Bauwerke

Arsenal (J 5)
Castello
Bootslinien 1: Arsenale, 52: Tana
Hier wurde Venedigs Macht zusammengezimmert: Im Arsenal entstanden die Kriegs- und Handelsschiffe der Stadt. Die 1104 gegründete, im Lauf der Jahrhunderte immer wieder erweiterte Anla-

Sightseeing

ge entwickelte sich im 15. Jh. mit 16 000 Arbeitern zur größten Schiffbaustätte der Welt. In dem Staatsbetrieb gab es Alters- und Krankenversorgung und ein eigenes Schulsystem. Werkswohnungen für die Beschäftigten standen in der Nähe. Man produzierte nicht nur Schiffe, sondern auch Waffen, außerdem sogar den Reiseproviant für die Schiffsbesatzungen: Besondere Öfen sorgten für extrem dauerhafte Kekse...

Heute ist das Arsenal zum größten Teil eine Industrieruine. Einen Eindruck davon bekommt man auf der Fahrt mit der Bootslinie 52 zwischen den Haltestellen Tana und Celestia. Glanzvoll allerdings ist nach wie vor der Zugang am Campo dell' Arsenale. Das Tor, der erste Renaissancebau in Venedig, stammt von 1460. Die Marmorlöwen sind Beutestücke aus Griechenland: Der linke stammt aus Piräus, der rechte aus Delos, den mittleren fand man auf der Heiligen Straße, die von Athen nach Eleusis führt.

Biblioteca Marciana (Markusbibliothek, F 6)
Piazzetta S. Marco
Bootslinien 1, 82: S. Marco
Der monumentale Renaissancebau gegenüber dem Dogenpalast wurde 1537–54 von dem florentinischen Architekten Jacopo Sansovino errichtet. Er beherbergt noch heute die bedeutenden Sammlungen der Biblioteca Marciana: rund 900 000 Bücher und nicht weniger als 13 000 Handschriften.

Ca' d' Oro (E 3)
Cannaregio, Calle di Ca' d' Oro
Bootslinie 1: Ca' d' Oro
Der schönste gotische *palazzo* der Stadt (das ›Goldene Haus‹) wurde 1421–40 erbaut. Die Verzierungen des durchbrochenen Mauerwerks erinnern an ein Gewebe feinster Spitzenarbeit. In der Ca' d' Oro befindet sich die Galleria Franchetti (s. S. 72).

Ca' Rezzonico (C 6)
Dorsoduro,
Fondamenta Rezzonico
Bootslinie 1: Ca' Rezzonico
Der große Barockpalast stammt von Baldassare Longhena, der auch die Salute-Kirche an der Einfahrt zum Canal Grande entwarf. Die kostbar ausgemalten Räume kann man besichtigen und erhält so einen Einblick in die venezianische Wohnkultur des 18. Jh. (s. S. 73).

Casa di Marco Polo (F 4)
Cannaregio 5858,
Corte 2 del Milion
Bootslinien 1, 82: Rialto
In dem bescheidenen Haus in der Nähe der Rialto-Brücke wurde angeblich 1254 Marco Polo geboren, dessen Buch »Il Milione« als ausführlicher Bericht von einem jahrzehntelangen China-Aufenthalt Weltruhm erlangte. Immer wieder ist die Authentizität des Werks angezweifelt worden, und noch heute streiten sich die Gelehrten, ob Marco Polos Bericht wirklich auf eigenen Erfahrungen beruht.

Casa di J. Tintoretto (E 2)
Cannaregio 3399,
Fondamenta dei Mori
Bootslinie 52: Madonna dell' Orto
Das hübsche gotische Haus war der Wohnsitz des Malers Jacopo Tintoretto, der hier 1594 starb und in der nahegelegenen Kirche Madonna dell' Orto begraben liegt. Obwohl Tintoretto erfolgreich und berühmt war, hatte er

Sightseeing

Der Dogenpalast: Hier feierte man rauschende Feste und tätigte wichtige Geschäfte

bei seinem Tod so wenig Geld zurückgelegt, daß seine Witwe den Senat für sein Begräbnis um Unterstützung bitten mußte. Sein kleines Wohnhaus zeigt, wie bescheiden der Künstler lebte.

Dogenpalast (F/G 5/6)
Piazzetta S. Marco
Apr.–Okt. tgl. 9–19 (Einlaß
bis 17.30 Uhr), Nov.–März
9–17 (Einlaß bis 16 Uhr)
Eintritt: 17 000 Itl., das Ticket gilt auch für die Museen Correr und Ca' Rezzonico (s. S. 73)
Bootslinien 1, 82: S. Marco
Das Zentrum der Macht: Im Palazzo Ducale wohnte nicht nur der Doge, sondern hier tagten auch die wichtigen Ausschüsse wie z. B. der Senat, der ›Rat der Zehn‹ und der Große Rat, dem alle männlichen Adligen über 25 Jahren angehörten. An der reich verzierten ›Porta della Carta‹, durch die man das Gebäude betritt, wurden staatliche Dekrete ausgehängt, zwischen den beiden roten Säulen in der Nähe die Todesurteile verkündet.

Ursprünglich war der Sitz des Dogen ein ganz von Wasser umgebenes Kastell. Der heutige Bau stammt zum größten Teil aus dem 14. Jh. und wurde nach einem Brand 1577 teilweise erneuert. Die ›Scala d' Oro‹ (Goldene Treppe), die einst nur Ratsherren und Staatsgäste betreten durften, führt zu den Amts- und Repräsentationsräumen. Diese sind überreich mit Bildern venezianischer Maler geschmückt – in so großer Menge, daß man sich leicht davon erschlagen fühlen kann. Schon 1740 bemerkte der französische Reisende Charles de Brosses ironisch in seinem Tagebuch: »Mit

Sightseeing

Der venezianische Palazzo

Die großen Wohnbauten Venedigs wurden immer nach einem einheitlichen Schema errichtet. An den breiten, oft nach außen repräsentativ geschmückten Mittelabschnitten schliessen sich rechts und links kleinere Flügel an. Im Erdgeschoß befand sich eine durchgehende Halle, der *portego,* in dem meist ein Warenlager eingerichtet wurde – schließlich waren fast alle Patrizierfamilien im Handel tätig. Das darüberliegende Zwischengeschoß beherbergte Kontor- und Geschäftsräume. Dann folgte der *piano nobile* mit einem Saal für Feste und Empfänge; an seinen Seiten lagen Wohn- und Schlafzimmer. Im zweiten Stock waren Wirtschaftsräume untergebracht. Nur die Seitenflügel konnten beheizt werden, nicht aber der Mittelbereich, wie man noch heute an der Position der Kamine sieht. Auf dem Dach befand sich häufig ein ›Altan‹, eine hölzerne Dachterrasse, als Ersatz für die in Venedig seltenen Gärten.

den Tintorettos ist überhaupt kein Fertigwerden, ich habe mich darauf beschränkt, ein gutes Tausend seiner Hauptwerke zu betrachten.«

Herausragend sind die mythologischen Bilder Tintorettos in der Sala del Anticollegio, die Werke Paolo Veroneses in der Sala del Collegio sowie Tiepolos »Neptun huldigt Venezia« in der Sala delle Quattro Porte. In der Waffenkammer wurden einst rund 9000 Waffen zum Gebrauch aufbewahrt; nach der Plünderung durch die französischen Truppen 1797 blieb noch ein Viertel des ursprünglichen Bestands übrig. Der größte Raum ist die Sala del Maggior Consiglio, in dem sich bis zu 1500 Ratsherren versammelten, aber auch große Feste abgehalten wurden. An der Schmalwand befindet sich das größte existierende Ölbild der Welt, das »Paradies«, das Tintoretto noch mit 70 Jahren schuf. Es nimmt eine Fläche von 154 m^2 ein. Ansprechender – und kleiner – ist Paolo Veroneses Deckenfresko »Apotheose Venedigs«.

Ein Gang über die Seufzerbrücke führt in die berüchtigten ›Prigioni‹, die Gefängniskammern. Sie waren einst vollständig mit Tannenholz ausgeschlagen, so daß sie für die Gefangenen wie Särge wirkten mußten – eine besonders gemeine Strategie psychologischer Einschüchterung.

Gondelwerft S. Trovaso (C 7)

Dorsoduro, Campo S. Trovaso
Bootslinien 52, 82: Zattere
Noch fünf Gondelwerften, *squeri,* blieben in Venedig erhalten. Die S.-Trovaso-Werft mit ihren Holzbalkonen ist die malerischste. Der Bau einer neuen Gondel dauert etwa zwei Monate. Sie kostet rund 50 000 DM und hält im

Sightseeing

Gondeln

Knapp 11 m Länge, 1,40 m Breite, etwa 700 kg Gewicht – das sind die standardisierten Maße der heutigen Gondeln, die aus rund 280 Teilen und verschiedenen Holzarten zusammengezimmert werden. Genau 404 *gondolieri* sind zur Zeit noch in Venedig tätig. Bei der Einführung der ersten Dampfschiffe 1881 waren es etwa 2000, im 16. Jh. fuhren gar 10 000 Gondeln auf den Kanälen der Stadt. Schon 697 war erstmals von Gondeln in der Lagune die Rede. Im Lauf der Geschichte dekorierte man das beliebteste venezianische Fortbewegungsmittel immer prunkvoller. Um dem ausufernden Luxus entgegenzuwirken, bestimmte der Senat 1562, alle Gondeln müßten fortan mit schwarzem Tuch zugedeckt werden; seither kleiden sich die *gondole* in vornehmes Schwarz. Die Kunden der *gondolieri* sind fast ausschließlich Touristen; Venezianer benutzen das teure Gefährt (Stundentarif gegenwärtig 120 000 ltl., mit Musik zusätzlich 170 000 ltl.) allenfalls noch bei Hochzeiten oder Beerdigungen.

Durchschnitt 30 Jahre – allerdings mit gelegentlichen Reparaturen, die ebenfalls auf der Werft durchgeführt werden.

Mulino Stucky (B 7)
Dorsoduro, Giudecca-Insel, Campo S. Biagio
Bootslinie 52: S. Eufemia
Der neugotische Backsteinbau erhebt sich, von weither sichtbar, am westlichen Rand der Giudecca. Der Schweizer Unternehmer Giovanni Stucky ließ die Getreidemühle 1882 errichten. Die Industrieruine stand jahrzehntelang leer; gegenwärtig wird geplant, sie zu einem Luxushotel mit Kongreßzentrum umzubauen.

Palazzo Contarini del Bovolo (E 5)
S. Marco, Calletta Contarini del Bovolo
Bootslinien 1, 82: Rialto
Ein architektonischer Geheimtip: die hübsche, in einen Turm gebaute Wendeltreppe dieses *palazzo*. Man sieht das verspielte Renaissance-Kunstwerk von einem kleinen, vom Campo Manin aus zugänglichen Hof (Hinweisschild).

Palazzo Vendramin-Calergi (D 3)
Cannaregio 2040,
Calle Larga Vendramin
Bootslinien 1, 82: S. Marcuola
Der imposante Renaissancebau von Mauro Coducci am Canal Grande beherbergt im Winterhalbjahr das städtische Spielcasino. Hier starb am 13. 2. 1883 Richard Wagner.

Prokuratien (F 5)
Piazza S. Marco
Bootslinien 1, 82: S. Marco
Edle Büro-Architektur: Die langgestreckten Bauten an der Nord- und

Sightseeing

Rialto-Brücke: Verlockende Angebote zu Land und zu Wasser

Südseite des Markusplatzes waren ursprünglich Gebäude der Staatsverwaltung. Unter den fortlaufenden Arkadenreihen – ein für die Stadt charakteristisches Gestaltungsmerkmal – befinden sich heute Geschäfte und Cafés. Die Alten Prokuratien an der Nordseite wurden erstmalig wohl schon im 12. Jh. errichtet; der heutige Bau stammt aus dem frühen 16. Jh. Etwas früher entstand der Uhrturm, unter dem man in die *mercerie* – die Einkaufsstraßen – gelangt. Gegenüber erstrecken sich die Neuen Prokuratien (1583–1640). An der Schmalseite wurde der Markusplatz ursprünglich von einer Kirche abgeschlossen. Napoleon ließ sie abreißen und durch das heutige Gebäude ersetzen, in dem sich das Museo Civico Correr befindet (s. S. 73).

Rialto-Brücke (E/F 4)
S. Marco – S. Polo, Ponte di Rialto
Bootslinien 1, 82: Rialto
Venedig wie auf der Ansichtskarte: Die schwungvolle Brücke, das Gewimmel der Boote, die malerischen Palazzi... Das Gebiet um den Rialto (von *rivo alto,* hohes Ufer) war der erste Siedlungskern der Stadt. Bis 1854 konnte man nur an dieser Stelle den Canal Grande auf einer Brücke überqueren. Ursprünglich war es eine gedeckte Holzbrücke, deren Mittelteil hochgezogen wurde, wenn große Schiffe durchfuhren. 1588–92 entstand der heutige Steinbau mit den Ladengebäuden. In der Umgebung hatten sich schon früh Bankiers und Händler niedergelassen, die an der Brücke ihre Waren in Empfang nahmen. Nach den Waren sind noch immer manche Straßen benannt: *fondamenta del vin* (Wein), *fondamenta del carbon* (Kohle), *fondamenta del ferro* (Eisen). Seit Jahrhunderten pulsiert am Rialto das Geschäftsleben. Auch die deutsche Kaufmannskolonie hatte hier ihre Niederlassung: im Fondaco dei Tedeschi, der jetzigen Hauptpost. Noch

Sightseeing

immer erstreckt sich ein Marktgelände am westlichen Ufer. Besonders der vormittägliche Fischmarkt lohnt den Besuch.

Scuola Grande di S. Marco (G 4)
Castello,
Campo SS. Giovanni e Paolo
Bootslinie 52: Fondamenta Nuove
Die Bruderschaft des hl. Markus errichtete Ende des 15. Jh. neben der großen Dominikanerkirche SS. Giovanni e Paolo einen besonders hübschen Bau, der heute noch als städtisches Krankenhaus dient. Die anmutig verspielte Fassade ist mit farbigen Mustern und Reliefs verziert. Die Architekten der *scuola* waren Pietro Lombardo und Mauro Coducci, die Reliefs entwarf Tullio Lombardo.

Teatro La Fenice (E 6)
S. Marco 2549,
Campo S. Fantin
Bootslinien 1, 82: S. Marco
Der Brand im Januar 1996 ließ von dem berühmten Opernhaus neben rauchenden Trümmern nur die Fassade übrig, doch der Wiederaufbau im alten Stil ist in vollem Gang. In der Fenice, die 1790–92 errichtet wurde und 1836 schon einmal durch Feuer zerstört wurde, wurden u. a. Verdis »Rigoletto« und »La Traviata«, Rossinis »Tancredi« und Bellinis »Die Capuleti und die Montecchi« uraufgeführt.

Kirchen

Sofern nicht anders angegeben, sind die Kirchen von 9–12 und 16–18 Uhr geöffnet. Alle Kirchen sind an Sonn- und Feiertagen vormittags für Besichtigungen geschlossen.

Chiesa dei Gesuati (S. Maria del Rosario, C/D 7)
Dorsoduro,
Fond. Zattere ai Gesuati
Bootslinien 52, 82: Zattere
An der Uferpromenade der Zattere schaut die Kirche mit ihrer Barockfassade auf den Giudecca-Kanal. Drumherum tobt das Leben, doch im stillen Innenraum kann man die Kuppelfresken von Giambattista Tiepolo bewundern.

Madonna dell' Orto (E 1/2)
Cannaregio,
Campo della Madonna dell' Orto
10–17.30 Uhr, Eintritt 2000 ltl.
Bootslinie 52: Madonna dell' Orto
Hinter der Backsteinfassade mit ihren gotischen Ornamenten verbirgt sich eine große Basilika mit zahlreichen Gemälden von Jacopo Tintoretto (1518–94), der in der Nähe der Kirche wohnte (s. S. 61f.). In der rechten Chorkapelle befindet sich das Grab des Malers.

Pietà (S. Maria della Visitazione, G/H 5)
Castello, Riva degli Schiavoni
Bootslinien 1, 52, 82: S. Zaccaria
Eines der Zentren venezianischer Musik: Im 18. Jh. war der Kirche ein Waisenhaus mit einem berühmten Chor und einer renommierten Musikschule angeschlossen. Antonio Vivaldi lehrte, komponierte und dirigierte hier 1703–45. Noch heute finden in dem Gotteshaus viele Konzerte statt. Deckenfresko der »Marienkrönung« von Giambattista Tiepolo.

Redentore (E 8)
Dorsoduro, Campo del
SS. Redentore (Giudecca)
10–17.30 Uhr, Eintritt 2000 ltl.
Bootslinie 82: Redentore
Die Erlöserkirche auf der Giudecca wurde zum Dank für die Befreiung

Sightseeing

von einer Pestepidemie ab 1576 erbaut. Andrea Palladio, ihr berühmter Architekt, stützte sich bei seinem Entwurf auf antike Vorbilder: Für die Fassade griff er antike Tempelformen auf, der Innenraum ist von den römischen Thermenanlagen beeinflußt. Streng mathematische Proportionen gliedern den Bau: So ist beispielsweise das Hauptschiff genau doppelt so lang wie breit.

S. Alvise (D 1)
Cannaregio,
Campo di S. Alvise
10–17.30 Uhr, Eintritt 2000 ltl.
Bootslinie 52: S. Alvise
Die Kirche aus dem 14. Jh. steht in einem der abgelegensten Stadtviertel. 041lm Chor befindet sich ein Hauptwerk Giambattista Tiepolos, der »Gang Christi auf den Kalvarienberg« von 1743. Von Tiepolo stammt auch das Bild der »Dornenkrönung« an der rechten Langhauswand.

S. Francesco della Vigna (H 4)
Castello, Campo S. Francesco
Bootslinie 52: Celestia
Dort, wo sich früher noch Weinfelder befanden, haben zwei der bedeutendsten italienischen Architekten des 16. Jh. die große Kirche in einem etwas abgelegenen Stadtteil entstehen lassen: Jacopo Sansovino lieferte die Pläne und Andrea Palladio erbaute die Fassade. Zur Ausstattung zählen schöne Gemälde von Giovanni Bellini und Antonio da Negroponte.

S. Giorgio dei Greci (G 5)
Castello, Salita dei Greci
Bootslinien 1, 52, 82: S. Zaccaria
Der schiefste Turm Venedigs erhebt sich über dem Gotteshaus

Dank für die Befreiung von der Pest: Redentore-Madonna

der griechischen Gemeinde. Die Spätrenaissance-Kirche dient noch heute der griechisch-orthodoxen Gemeinde zur Ausübung ihres Glaubens. Der Innenraum ist reich mit Ikonen geschmückt.

S. Giorgio Maggiore (G 7)
Dorsoduro, Campo S. Giorgio
10–12.30, 14.30–16.30 Uhr
Bootslinie 82: S. Giorgio
S. Giorgio Maggiore gehört zum Stadtbild Venedigs wie der Dogenpalast und die Salute-Kirche. Der Bau wurde 1566 nach Plänen von Andrea Palladio begonnen; der Campanile entstand erst 1791 nach dem Vorbild des Glockenturms von S. Marco. Im Chor befinden sich zwei großformatige Bilder von Jacopo Tintoretto, das »Abendmahl« und die »Mannalese«. Besonders lohnend ist die Fahrt mit dem Aufzug auf den Glockenturm, von dem aus man einen herrlichen Ausblick auf Venedig und die Lagune genießt.

Sightseeing

S. Marco (F 5)
Piazza S. Marco
Kirche: 9.45–17.30 Uhr,
So, feiertags 13.30–17.30 Uhr
Galerie: tgl. 9.45–17.30 Uhr,
Okt.–März Galerie und Kirche ab 16.30 Uhr geschl.
Glockenturm: tgl. ab 9.30 Uhr, Schließung je nach Jahreszeit zwischen 16 und 21.30 Uhr
Bootslinien 1, 82: S. Marco
Goethe verglich den ungewöhnlichen Bau spöttisch mit einem ›großen Taschenkrebs‹. Andere Besucher zeigten sich fasziniert von der Vielfalt der Farben und Formen des Monuments. S. Marco, das weltberühmte Wahrzeichen Venedigs, wurde erst 1807 zur Bischofskirche geweiht. Bis dahin diente der Repräsentativbau ausschließlich als Kirche des venezianischen Staats und der Dogen. Seit 829 hatten an dieser Stelle nacheinander bereits zwei Gotteshäuser gestanden, in denen die wertvollen Reliquien des hl. Markus aufbewahrt wurden. Der heutige, ab 1063 errichtete Bau zeigt orientalische und byzantinische Einflüsse. Nachdem 1204 die Venezianer Konstantinopel geplündert hatten, erfolgten größere Umbauten; viele Beutestücke wurden in der Kirche aufgestellt.

Vorhalle und Innenraum sind mit großartigen Mosaiken ausgestattet, die zumeist im 12. und 13. Jh. entstanden. Sie nehmen mehr als 4000 m^2 Fläche ein. Zur prunkvollen Ausstattung zählen mehr als 2600 Säulen, zahlreiche Dogengräber, eine Porphyrkanzel, von der sich der neugewählte Doge dem Volk zeigte, und das hochverehrte Madonnenbild der ›Madonna Nicopeia‹ in der linken Chorkapelle. Unter dem Hauptaltar befindet sich die Urne mit den Reliquien des hl. Markus. Dahinter steht die Pala d' Oro. Diese kostbare Altartafel wurde 1342 aus verschiedenen Goldschmiedearbeiten des 10.–14. Jh. zusammengesetzt und war mit nicht weniger als 1300 Perlen, je 300 Smaragden und Saphiren, rund 200 andere Edelsteinen sowie 80 Gold-Emailplatten mit der Darstellung biblischer Szenen besetzt. Ein Teil der Juwelen wurde von den Truppen Napoleons geraubt.

Von der Vorhalle erreicht man über eine Treppe die Galerie, in der die berühmten antiken Bronzepferde ausgestellt sind. Sie zierten einst die Außenfassade, wo sich heute eine Kopie des Gespanns befindet. Von der Aussichtsplattform genießt man einen schönen Blick über den Markusplatz.

Der freistehende, 98 m hohe Glockenturm entstand erst 1912; sein Vorgängerbau brach 1902 zusammen, ohne daß dabei Menschen zu Schaden kamen. Ein Fahrstuhl führt auf den Turm.

**S. Maria Assunta
dei Gesuiti (F 2/3)**
Cannaregio, Campo dei Gesuiti
10–12, 17–19 Uhr
Bootslinie 52: Fondamenta Nuove
Die aufwendig geschmückte Jesuitenkirche zeigt als bedeutendstes Kunstwerk am ersten Altar links die dramatische Darstellung »Martyrium des hl. Laurentius« von Tizian.

S. Maria Formosa (G 5)
Castello,
Campo S. Maria Formosa
10–17.30 Uhr, Eintritt 2000 Itl.
Bootslinien 1, 52, 82: S. Zaccaria
Die Renaissancekirche überragt einen hübschen Platz. Sie wurde 1493–1500 nach Plänen von

Sightseeing

Frari-Kirche: Antonio Canovas modernes Grab in gotischer Herberge

Mauro Coducci errichtet. Im Innenraum befindet sich das schöne Gemälde der ›hl. Barbara‹ von Palma dem Älteren (um 1520).

S. Maria Gloriosa dei Frari (C 5)
S. Polo, Campo dei Frari
9–18, So und feiertags 15–18 Uhr, Eintritt 3000 Itl.
Bootslinien 1, 82: S. Tomà
›I Frari‹, wie die Kirche im Volksmund heißt, ist ein eindrucksvoller gotischer Bau, der Hauptwerke der venezianischen Malerei beherbergt. Über dem Hochaltar hängt Tizians »Himmelfahrt Mariens«. Ebenfalls von Tizian stammt die »Madonna des Hauses Pesaro« im linken Seitenschiff. Giovanni Bellini schuf die »Thronende Madonna mit vier Heiligen« in der Sakristei. Eindrucksvoll ist auch die Holzskulptur Johannes des Täufers von dem florentinischen Bildhauer Donatello in der Kapelle rechts vom Chor. Im rechten Seitenschiff steht ein monumentales Grabdenkmal aus dem 19. Jh. für Tizian.

S. Maria dei Miracoli (F 4)
Cannaregio, Campo dei Miracoli
10–17.30 Uhr, Eintritt 2000 Itl.
Bootslinien 1, 82: Rialto
Beliebt bei Hochzeitspaaren: In der kleinen Kirche werden besonders viele Ehen geschlossen. Der reizvolle Renaissancebau entstand 1481–89 als Schrein für ein wundertätiges Marienbild. Er ist mit kostbarem Gestein (vor allem Porphyr und Serpentin) farbig gemustert. Im Innenraum führen 14 Stufen zum erhöhten Altar. Die reiche Dekoration greift antike Motive auf.

S. Maria della Salute (E 7)
Dorsoduro, Campo della Salute
9–12, 15–17.30 Uhr
Bootslinie 1: Salute
Die große Kuppelkirche an der Einfahrt zum Canal Grande prägt das Stadtbild. Die Anlage ist effektvoll auf Fernwirkung berechnet, und jeder kennt sie von unzähligen Venedig-Ansichten. 1630 beschloß der Senat die Ausführung des Baus nach einer Pest-

Sightseeing

S. Maria della Salute: Abends erstrahlt sie in vollem Glanz

epidemie: Architekt war der erst 26jährige Baldassare Longhena. In der Sakristei befinden sich Gemälde von Tizian und Tintoretto.

S. Polo (D 4)
S. Polo, Campo S. Polo
10–17.30 Uhr, Eintritt 2000 Itl.
Bootslinien 1, 82: S. Tomà
Eines der ältesten Gotteshäuser Venedigs: Die erste Anlage geht auf das 9. Jh. zurück. Der heutige Bau ist großenteils spätgotisch, mit Umbauten aus dem 19. Jh. Beherbergt bedeutende Kunstwerke wie ein »Abendmahl« von Tintoretto und die interessante Bildfolge der »Via Crucis« von Giandomenico Tiepolo (1749).

S. Salvatore (F 5)
S. Marco, Campo S. Salvatore
Bootslinien 1, 82: Rialto
Der Renaissancebau von Tullio Lombardo und Jacopo Sansovino birgt ein wichtiges Spätwerk von Tizian, die »Verkündigung«. Ebenfalls von Tizian stammt die »Verklärung Christi« auf dem Hauptaltar. Giovanni Bellini schuf das schöne »Mahl in Emmaus« (Kapelle links vom Chor).

S. Sebastiano (B 6)
Dorsoduro, Campo S. Sebastiano
10–17.30 Uhr, Eintritt 2000 Itl.
Bootslinie 82: S. Basilio
Zahlreiche Bilder dieser Kirche stammen von Paolo Veronese

Sightseeing

(1528–88), in dessen Gemälden immer wieder Motive und Gestalten aus der venezianischen Oberschicht der Renaissance erscheinen. Seine farbenfrohen Werke an der Decke des Langhauses schildern Szenen aus dem Buch Esther des Alten Testaments, in der Sakristei die Marienkrönung und die Evangelisten.

SS. Giovanni e Paolo (G 4)
Castello,
Campo SS. Giovanni e Paolo
7.30–12.30, 15–18,
So 15–17.30 Uhr
Bootslinie 52: Fondamenta Nuove
Der größte Sakralbau der Stadt: Das Hauptschiff der Dominikanerkirche ist 101,5 m lang und 35 m hoch. ›S. Zanipolo‹, wie die Kirche im Volksmund genannt wird (der Dialekt zieht die Namen Giovanni und Paolo zusammen), wurde 1300–1450 im gotischen Stil errichtet. Zahlreiche Dogen liegen hier begraben. Zu den schönsten Denkmälern gehören das Renaissance-Grab von Pietro Lombardo für Pietro Mocenigo (rechts vom Eingang) und das Grabmal für Andrea Vendramin von Tullio Lombardo (links im Chor). Andere bedeutende Kunstwerke sind die farbigen Glasfenster im rechten Querschiff (1470), das Bild der »Almosenspende« von Lorenzo Lotto (1542) und die Gemälde von Paolo Veronese (16. Jh.) in der »Cappella del Rosario«. Vor der Kirche steht das schöne Reiterdenkmal des Söldnerführers Bartolomeo Colleoni von Andrea Verrocchio aus dem späten 15. Jh.

S. Zaccaria (G 5)
Castello,
Campo S. Zaccaria
10–12, 16–18 Uhr
Bootslinien 1, 52, 82: S. Zaccaria
Der Bau der venezianischen Architekten Antonio Gambello und Mauro Coducci entstand in den Jahren 1460–1500. Bis 1810 gehörte er zu einem Nonnenkloster. Ein Hauptwerk der Renaissancemalerei ist die »Thronende Madonna mit Heiligen« von Giovanni Bellini (1505).

Museen

Collezione Peggy Guggenheim (D/E 6)
Dorsoduro 701,
Calle S. Cristoforo
Mi–Mo 11–18 Uhr
Eintritt: 12 000 ltl.

Sightseeing

Museen

**Besucher aus EG-Staaten, die älter als 60 Jahre sind, haben in den staatlichen Museen freien Eintritt. Nehmen Sie einen Paß oder Personalausweis mit!
In vielen Museen ist der Zutritt nur bis spätestens 30 Min. vor der Schließung erlaubt.**

Collezione Guggenheim vor dem Museum: Marini-Reiter

Bootslinien 1, 82: Accademia, 1: Salute
Im Garten liegen ihre 14 Hunde (›my beloved babies‹) begraben, im Haus hängt die Kunst-Kollektion: Die amerikanische Millionärserbin Peggy Guggenheim sammelte in ihrem *palazzo* am Canal Grande, was ihr lieb und wert war. Dabei kam eine kostbare Sammlung moderner Kunst zusammen. Ausgestellt sind Werke von Picasso, Braque, Klee, Kandinsky, Max Ernst, Magritte, Chagall und vielen anderen Künstlern des 20. Jh.

Galleria dell' Accademia (D 6)
Dorsoduro, Campo della Carità
So 9–20, Mo 9–14, Di–Sa 9–22 Uhr, Eintritt: 12 000 Itl.
Bootslinien 1, 82: Accademia
Ein besserer Überblick über die venezianische Malerei läßt sich nirgendwo gewinnen! Alle Großen sind mit Hauptwerken vertreten: Giovanni und Gentile Bellini, Carpaccio, Giorgione, Tizian, Tintoretto, Paolo Veronese, Tiepolo, Canaletto... Unbedingt sehenswert: sind Giorgiones »Gewitter«, eines der frühesten und schönsten Landschaftsbilder der europäischen Malerei; Paolo Veroneses »Gastmahl in Haus des Levi«, das wegen seiner Affen, Hunde und exotischen Gäste einst fast der Inquisition zum Opfer gefallen wäre; die Venedig-Veduten von Canaletto und Guardi; die Szenen aus dem Alltagsleben des 18. Jh. von Pietro Longhi; die farbenfrohen Stadtansichten des späten 15. Jh. in den Szenen der »Kreuzlegende« von Carpaccio und Gentile Bellini.

Galleria Franchetti (im Ca' d' Oro, E 3)
Cannaregio, Calle Ca' d' Oro
Tgl. 9–14 Uhr
Eintritt: 4000 Itl.
Bootslinie 1: Ca' d' Oro
Die Kunstsammlung in dem schönen gotischen *palazzo* am Canal Grande (s. S. 61) zeigt neben Möbeln und Skulpturen vor allem bedeutende Gemälde, u. a. von Tizian, van Dyck, Mantegna, Guardi und Filippino Lippi.

Museo Archeologico (F 6)
Piazzetta S. Marco
Tgl. 10–14 Uhr

Sightseeing

Eintritt: 4000 ltl.
Bootslinien 1, 82: S. Marco
Venezianische Adelsfamilien stifteten im Lauf der Jahrhunderte die kostbaren antiken Funde des Archäologischen Museums. Unter den berühmtesten Arbeiten finden sich klassische, griechische Frauenstatuen, drei ›gallische Krieger‹ aus Pergamon und der hellenistische Grimani-Altar mit der Darstellung von Dionysos-Szenen.

Museo Civico Correr (F 6)
Piazza S. Marco
Apr.–Okt. tgl. 9–19 Uhr,
Nov.–März Mi–Mo 9–17 Uhr
Eintritt: 17 000 ltl., das Ticket gilt auch für Dogenpalast und Museo del Settecento Veneziano,
Bootslinien 1, 82: S. Marco
Landkarten, Schiffsmodelle und -teile, Münzen, Dogengewänder und viele andere Fundstücke geben im ersten Stock des Museums am Markusplatz einen Einblick in die Stadtgeschichte. Ebenso bedeutend ist die Pinakothek im zweiten Stock mit Bildern von Giovanni Bellini, Vittore Carpaccio, Hugo van der Goes u. a.

Museo d'Arte Ebraica (C 2)
Cannaregio 2902/B,
Campo del Ghetto
So–Do 10–16.30, Fr 10–16,
Sa und an jüdischen Festtagen geschl.
Eintritt: 4000 ltl.
Bootslinie 52: Guglie
Das kleine jüdische Museum im alten Ghetto zeigt vor allem Kultgegenstände, wie Pessah- und Purim-Teller, Leuchter, aber auch einen Hochzeitsvertrag aus dem 18. Jh. (s. Extra-Tour 3, S. 89f.).

Museo d' Arte Moderna (E 3)
S. Croce, Calle Pesaro
Bootslinie 1: S. Stae
Z. Zt. wegen Restaurierung geschl.
Was von den Biennalen in Venedig blieb: Werke u. a. von Rodin, Chagall, Kandinsky, Nolde, Klimt, Klee, De Chirico, Morandi und Juan Mirò.

Museo dei Dipinti Sacri Bizantini (Ikonenmuseum, G 5)
Castello 3212, Ponte dei Greci
Mo–Sa 9–12.30, 14–16.30 Uhr
Eintritt: 6000 ltl.
Bootslinien 1, 52, 82: S. Zaccaria
Die Ikonensammlung mit Darstellungen aus fünf Jahrhunderten ist in Italien einzigartig. Sie geht auf die einst große griechische Kolonie in Venedig zurück.

Museo del Settecento Veneziano (Ca' Rezzonico, C 6)
Dorsoduro,
Fondamenta Rezzonico
Sa–Do 10–16 Uhr
Eintritt: 17 000 ltl., das Ticket gilt auch für Dogenpalast und Museo Civico Correr,
Bootslinie 1: Ca' Rezzonico
Der *palazzo* am Canal Grande vermittelt einen einzigartigen Einblick in die Wohnkultur der venezianischen Adeligen im 18. Jh. Mehrere Deckengemälde stammen von Giambattista Tiepolo. Sehenswert sind darüber hinaus die Bilder seines Sohns Giandomenico und die Darstellungen aus dem venezianischen Alltagsleben von Pietro Longhi. Im Obergeschoß wurde eine Apotheke des 18. Jh. rekonstruiert.

Museo Fortuny (E 5)
S. Marco 3780,
Campo S. Beneto
Bootslinie 1: S. Angelo
gegenwärtig wegen Restaurierung geschl.

Sightseeing

Mariano Fortunys Stoffe brachten ihm *fortune:* Der Multi-Künstler (Maler, Designer, Fotograf und Architekt) kleidete in seine schweren, kunstvoll gefärbten Gewebe Weltstars wie Eleonora Duse, Isadora Duncan und Sarah Bernhardt. Sein venezianischer *palazzo* verbreitet geheimnisvolle, leicht schwülstige Fin-de-siècle-Stimmung. Ob die Restaurierung wirklich 1999 abgeschlossen wird, ist nicht klar, aber Sonderausstellungen finden auch während der Arbeiten statt (Auskunft: Tel. 04 15 20 09 96).

Scuole

Die *scuole* waren Bruderschaften, in denen sich Angehörige des venezianischen Bürgertums zur Verehrung bestimmter Heiliger, aber auch zu geselligen und karitativen Zwecken zusammenschlossen. Sie waren z. T. nach Berufsgruppen oder Nationalität organisiert. Ihre Mitglieder genossen großes Ansehen. Als *scuola* wurden auch die Versammlungsgebäude dieser Gruppen bezeichnet. 1806 wurden die Bruderschaften aufgelöst; einige entstanden im 19. Jh. neu. Für die Ausstattung der Bauten verpflichtete man häufig bedeutende Künstler. Manche *scuole* wurden daher später wichtige Museen der venezianischen Malerei.

Museo Storico Navale (J 6)
Castello 2148, Riva S. Biagio
Tel. 04 15 20 02 76
Mo–Fr 9–13.30, Sa 9–13 Uhr
Eintritt: 2000 Itl.
Bootslinien 1: Arsenale, 52: Tana
Das schönste Stück des Schiffahrtsmuseums: ein 1830 geschaffenes Modell des *bucintoro*, des Prunkschiffs der Dogen. Auch sonst ist die Geschichte der venezianischen Seefahrt gut dokumentiert: mit Bildern, Karten, Modellen und nautischem Gerät.

Pinacoteca Querini Stampalia (G 5)
Castello 4778,
Campiello Querini Stampalia
So, Di–Do 10–13, 15–18 Uhr,
Fr, Sa 10–13,15–22 Uhr
Eintritt: 10 000 Itl.
Bootslinien 1, 52, 82 S. Zaccaria
Der kinderlose Graf Giovanni Querini Stampalia hinterließ 868 seine Privatwohnung der Stadt; heute können Besucher sich hier ein Bild von der Wohnkultur reicher Venezianer des letzten Jahrhunderts machen, aber auch die Gemälde von Bellini, Palma d. Ä. und Pietro Longhi bewundern.

Scuola di S. Giorgio degli Schiavoni (H 5)
Castello, Campo dei Furlani
Di–Sa 9.30–12.30, 15.30–18.30,
So 9.30–12.30 Uhr
Eintritt: 7000 Itl.
Bootslinien 1, 52: S. Zaccaria
Das einstige Bruderschaftsgebäude der ›Slawen‹, d. h. der in Venedig ansässigen Dalmatiner, wurde 1502–07 von Vittore Carpaccio mit ansprechenden, zum Teil geradezu amüsanten Bildern ausgemalt. Köstlich, wie die Mönche mit wehenden Rockschößen vor dem zahmen Löwen des heiligen Hieronymus fliehen!

Sightseeing

Scuola Grande di S. Maria dei Carmini (B 5/6)
Dorsoduro 2716,
Campo dei Carmini
Mo–Sa 9–12,15–18 Uhr
Eintritt: 7000 Itl.
Bootslinien 1: Ca' Rezzonico,
52: S. Basilio

In dem Baldassare Longhena zugeschriebenen Barockbau hat Giambattista Tiepolo neun Werke geschaffen, darunter ein großes Deckengemälde »Maria und der sel. Simon Stock«.

Scuola Grande di S. Rocco (C 5)
S. Polo, Campo S. Rocco
Apr.–Okt. tgl. 9–17.30, März, Nov., Dez. 10–16, Jan., Feb.
Mo–Fr 10–13, Sa/So 10–16 Uhr
Eintritt: 8000 Itl.
Bootslinien 1, 82: S. Tomà

Die größte Tintoretto-Sammlung der Welt. 1564–88 schuf der Maler hier mehr als 60 großformatige Bilder mit Szenen des Alten und Neuen Testaments.

Parks und Gärten

Grünflächen sind in Venedig rar. Schon immer wich man auf die Dachterrassen – die sogenannten *altane* – aus, wenn man ein Sonnenbad nehmen wollte. Kaum erwähnenswert, weil klein und ziemlich unruhig, sind der ›Giardino Papadopoli‹ an der Piazzale Roma und die ›Giardini Ex Reali‹ beim Markusplatz. Bleiben zwei ausgedehntere Anlagen:

Cimitero Comunale (G/H 1/2)
Apr.–Sept. 7.30–18 Uhr,
Okt.–März 7.30–16 Uhr
Bootslinie 52: S. Michele

Tod in Venedig: S. Michele ist seit 1826 Friedhofsinsel. Vorher wurden die Adligen in den Kirchen, die Angehörigen des einfachen Volks auf den Plätzen der Stadt begraben. Die Renaissancekirche S. Michele in Isola mit einem Kreuzgang des 15. Jh. empfängt die Besucher. Dahinter erstreckt sich unter Zypressen der Friedhof. Ausländische Besucher pilgern vor allem zu den Gräbern des Komponisten Igor Strawinsky, des Ballett-Impresarios Sergej Diaghilew und des Dichters Ezra Pound.

Giardini Pubblici/ Parco delle Rimembranze (K 7)
Castello
Bootslinien 1, 82: Giardini,
1, 52, 82: S. Elena

In den Parkanlagen im entlegenen Ostteil der Stadt sind gewöhnlich kaum Touristen unterwegs. Hier hocken die Pensionäre zum Gespräch auf den Bänken, und junge Mütter beaufsichtigen ihre Kinder beim Spielen. Nur während der Kunstbiennale belebt sich das Gelände mit internationalem Publikum: Die Ausstellung moderner Kunst hat ihr Zentrum in den Giardini Pubblici, wo die – z. T. auch architektonisch interessanten – ›Länderpavillons‹ stehen.

Eine Fahrt auf dem Canal Grande

»Es ist die schönste Straße, die man in der ganzen Welt finden kann, und mit den schönsten Häusern eingefaßt und sie geht durch die ganze Stadt«, schrieb 1495 der französische Botschafter Philippe de Commines über den Großen Kanal. Die ›Hauptstraße‹ Venedigs windet sich auf 3800 m S-förmig

Sightseeing

durch die Stadt. An der 30–70 m breiten Wasserstraße eine Wohnung zu besitzen, war und ist für die venezianische Oberschicht eine Frage des Prestiges. Daher spiegeln die Ufer des Canal Grande eindrucksvoll die venezianische Architekturgeschichte wieder. Um die Bauten genüßlich betrachten zu können, nimmt man am besten die langsame Bootslinie 1, die zwischen Bahnhof und Markusplatz immer wieder von einem Ufer des Kanals zum anderen kreuzt.

Gleich neben dem Bahnhof steht die spätbarocke **Scalzi-Kirche,** gegenüber die Kuppelkirche **S. Simeone Piccolo.** Wenig später folgen auf der linken Kanalseite **S. Geremia** und – etwas nach hinten versetzt – der barocke **Palazzo Labia,** heute Sitz der Rundfunk- und Fernsehgesellschaft RAI. Dahinter mündet der breite Canale di Cannaregio in den Canal Grande. Der **Fondaco dei Turchi** aus dem 13. Jh. (gegenüber von Kirche und Bootshaltestelle S. Marcuola) diente lange Zeit den türkischen Kaufleuten als Warenlager. Gleich daneben: Der hübsche Backsteinbau des **Deposito del Megio,** des alten Kornspeichers der Republik aus dem 15. Jh. Im massigen **Palazzo Vendramin-Calergi** gegenüber starb 1883 Richard Wagner. Heute beherbergt er das städtische Spielcasino (s. S. 55, 64).

Hinter der Barockkirche **S. Stae** (Bootshaltestelle) folgt der **Palazzo Pesaro,** ein Bau des 17. Jh. von Baldassare Longhena, jetzt Sitz zweier Museen (s. S. 73). Wenig später auf der linken Seite: einer der schönsten Wohnbauten Venedigs, die **Ca' d' Oro** mit ihrem filigranen gotischen Schmuck (s. S. 61). Wiederum rechter Hand erblickt man anschließend die Halle des Fischmarkts, die Pescaria. Sie wurde erst 1907 erbaut, ist aber täuschend echt ›historisch‹ gestaltet. Unmittelbar vor der Rialto-Brücke (s. S. 65f.) erhebt sich links der **Fondaco dei Tedeschi** aus dem 16. Jh., einst das deutsche Handelszentrum in Venedig. Im gegenüberliegenden **Palazzo dei Camerlenghi** waren das Finanzgericht und das Gefängnis für säumige Schuldner untergebracht.

Hinter der Brücke stehen die interessanteren Gebäude zunächst auf der linken Seite: der **Palazzo Dolfin-Manin,** ein Bau von Jacopo Sansovino aus dem 16. Jh., heute Sitz der ›Banca d' Italia‹, daneben der schöne gotische **Palazzo Bembo,** der schmale, ebenfalls gotische **Palazzo Dandolo** und die byzantinisch beeinflußten **Palazzi Loredan** und **Farsetti** aus dem 12./13. Jh., in denen jetzt die Stadtverwaltung residiert.

Der Kanal biegt nach links; in der Kurve steht rechts die schöne **Ca' Foscari** aus dem 15. Jh., ein weiteres Prunkstück unter den gotischen *palazzi*. Sie dient als Hauptsitz der venezianischen Universität. Unübersehbar ist an der gleichnamigen Bootshaltestelle die barocke **Ca' Rezzonico** (s. S. 61). Der **Palazzo Grassi** gegenüber gehört dem FIAT-Konzern und wird als Kulturzentrum genutzt, vor allem für große Ausstellungen.

Das Boot passiert das **Accademia-Museum** (s. S. 72) und die gleichnamige Brücke. Die farbigen Mosaiken am **Palazzo Barbarigo,** kurz darauf auf der rechten Seite, wurden Ende des 19. Jh. als Werbung für eine Glasfabrik geschaffen. Der **Palazzo Venier dei Leoni,** ein unvollendeter Bau, ist Sitz des Peggy-Guggenheim-Museums (s. S. 71f.). Auf derselben Kanalseite: der reizvolle, farbig verzierte

Sightseeing

Palazzo Dario von 1487. Im **Palazzo Gritti** schräg gegenüber ist eines der berühmtesten venezianischen Luxushotels untergebracht; daneben der gotische **Palazzo Contarini-Fasan,** der als ›Haus der Desdemona‹ aus dem Othello-Drama gilt. Auf der anderen Seite des Kanals, der sich hier in die Lagune öffnet, bildet **S. Maria della Salute** (s. S. 69f.) den krönenden Abschluß der Fahrt.

Grandiose Ausblicke am Canale Grande: S. Maria della Salute

Ausflüge

Brenta-Villen

›Die Villen des Veneto‹ – das ist ein Begriff, denn die venezianischen Adligen ließen sich in den eroberten Gebieten des Festlands Tausende von Landsitzen errichten. Star-Architekt war Andrea Palladio (1508–80), dessen an antike Vorbilder anknüpfender Stil bis in die Südstaaten der USA und nach Südafrika gewirkt hat. Schon vor seiner Zeit, vor allem aber danach, boomte der Villenbau zwischen Venedig und Verona. Allein am Brenta-Kanal in unmittelbarer Nähe der Lagunenstadt liegen rund 125 Villen! Die berühmtesten sind öffentlich zugänglich; man kann sie auf organisierten Bootsausflügen von Venedig aus oder individuell mit Linienbussen bzw. Pkw besuchen.

Die **Villa Foscari** oder **Malcontenta** südlich von Mestre ist einer der bekanntesten Bauten Palladios. Sie zeigt die für den Künstler charakteristische Tempelfassade. Bemerkenswert ist auch die barocke **Villa Widmann-Foscari** kurz vor dem Ort Mira. 20 km weiter westlich liegt vor Strà die grandiose **Villa Pisani** (oder ›Villa Nazionale‹). Der barocke Prunkbau hat immer wieder die Mächtigen Europas angezogen: Napoleon kaufte sie 1807 (und verbrachte in der neu erworbenen Immobilie gerade eine Nacht), dann gelangte sie in den Besitz der Habsburger und bot u. a. einem russischen Zaren, einem österreichischen Kaiser und später den italienischen Königen Unterkunft. 1934 wählte Mussolini das Haus als Schauplatz seiner ersten Begegnung mit Hitler. Die Villa Pisani hat das alles glimpflich überstanden und ist immer noch das Glanzbeispiel einer barocken Residenz: mit großem Park, zahlreichen reich geschmückten Sälen und einem großen Tiepolo-Fresko im Tanzsaal.

Alle Villen sind gut mit den halbstündlich verkehrenden Linienbussen Venedig–Padua erreichbar (in Venedig ab Piazzale Roma). Öffnungszeiten:
La Malcontenta:
Di und Sa 9–12 Uhr.
Villa Widmann-Foscari:
Di–So 9.30–12, 14–18 Uhr.
Villa Pisani:
Tgl. 9–18, Okt.–März 9–16 Uhr.
Schiffsfahrten auf dem Brenta-Kanal mit der Besichtigung von drei Villen veranstaltet:
Il Burchiello: Tel. 049 66 09 44. Preis für die Tagestour: pro Person 115 000 ltl.

Lido/Pellestrina/Chioggia

»Tod in Venedig«, Filmfestspiele, Baderummel – auf dem **Lido** ist immer was los, seit 1857 der dynamische Unternehmer Giovanni Busetto hier das erste Strandbad errichtete. Auf der einen Seite die

Ausflüge

Die Lagune

Die Lagune von Venedig wird gegen die Adria durch drei *lidi* – langgestreckte Inseln – abgegrenzt; sie bildet einen flachen, über 40 km langen und 8–12 km breiten See aus Meerwasser mit Hunderten von Inseln. Schon immer konnte ihr kompliziertes Ökosystem nur durch menschliche Eingriffe erhalten werden; die Republik Venedig leitete z. B. den Fluß Brenta ab, um die Versandung zu verhindern und befestigte die Lidi gegen die Erosion. Im 20. Jh. sind neue Gefahren entstanden. Die Vertiefung der Kanäle für die Durchfahrt großer Öltanker, die Verringerung der Wasserfläche durch Trockenlegung und Betonierung sowie das Absinken des Lagunengrunds durch Wasserentnahme haben die Strömungsverhältnisse verändert und tragen dazu bei, daß Venedig häufiger vom Hochwasser heimgesucht wird. Industrielle Schadstoffe im Wasser führen zur Korrosion an den Grundmauern der Bauten. Damit ist Venedigs Untergang nicht besiegelt, wie manche Propheten behaupten. Aber es bedarf großer Anstrengungen, um dauerhafte Schäden von der Stadt fernzuhalten.

Adria, auf der anderen Venedig – nur 15 Min. entfernt –, da war der touristische Boom gar nicht vermeidbar, und um die Wende zum 20. Jh. trafen sich am Lido die *upper ten* aus aller Welt. Mittlerweile gibt's exklusivere Ferienorte, aber die Luxushotels stehen noch, und eine gewisse Eleganz hat sich der Lido mit seinen Bürgerhäusern und Geschäften bewahrt. Luchino Visconti fand im Grand Hotel des Bains 1971 die richtige Atmosphäre für seine Verfilmung von Thomas Manns Novelle.

Ungewohnt, wenn man direkt aus Venedig kommt, ist der Autoverkehr. Mit dem Bus (oder auch mit dem Fahrrad, s. S. 56) kann man den ganzen, 12 km langen Landstreifen entlang fahren und übersetzen auf den angrenzenden Lido di Pellestrina, wo die hübschen Fischerdörfer **S. Pietro in Volta** und **Pellestrina** weit entfernt scheinen vom venezianischen Trubel. Hier läßt es sich gut am Wasser entlangbummeln – und Fisch essen. Wer mag, kann mit dem Schiff noch weiterfahren bis **Chioggia.** Das Fischerstädtchen am Südrand der Lagune hat Kanäle und Brücken wie Venedig; die Fußgänger und Schiffe müssen sich aber den städtischen Raum mit den Autos teilen. Auf den Straßen und Plätzen geht es laut, lebhaft und ›normaler‹ zu als in Venedig.

Lido: Bootslinien 1 ab S. Marco, 52 ab S. Zaccaria, Fahrtzeit: jeweils rund 15 Min. Autofähre *(traghetto)* ab Isola del Tronchetto, Fahrtzeit 35 Min.

Ausflüge

Am Lido ist immer etwas los: Hier trifft man Freunde, kann faulenzen und den neusten Klatsch austauschen

Weiterfahrt nach S. Pietro in Volta/Pellestrina: Buslinie 11, häufige Verbindungen, Fahrtzeit: 40 Min.
Zwischen Pellestrina und **Chioggia:** Schiffe etwa stündlich, Fahrtzeit: 25 Min.
Direkte Busverbindung Chioggia–Venedig: ab Piazzale Roma alle 30 Min., So, feiertags jede Std., Fahrtzeit: 50 Min.

Padua

Farbige Märkte, studentisches Leben, heilige Stätten, große Kunst – Padua bietet alles, was italienische Städte reizvoll macht. Eine halbstündige Bahnfahrt führt in Venedigs ungewöhnlich schöne Nachbarstadt. Für katholische Gläubige ist Padua vor allem die Stadt des hl. Antonius. Der stammte zwar aus Portugal, wirkte und starb aber in Padua. Zu seinem Grab in der Antonius-Basilika strömen zu jeder Jahreszeit die Pilger – auch die ›Kunstpilger‹, denn der Bau enthält schöne gotische Fresken von Altichiero Altichieri und Reliefs von Donatello.

An Kunstwerken ist Padua ohnehin ungewöhnlich reich: von den Giotto-Fresken in der Cappella Scrovegni über die Mantegna-Bilder in der Eremitanerkirche zu den Tizian-Gemälden in der Scuola di Sant' Antonio, vom Donatello-Standbild des Söldnerführers Gattamelata zum schönen Rathaus, dem Palazzo della Ragione, vom farbenfroh ausgemalten Baptisterium zur hübschen Renaissanceloggia ›del Consiglio‹. Das läßt sich auf einem Ausflug nicht alles betrachten, aber auf jeden Fall kann man ein wenig Kleinstadt-Atmosphäre schnuppern: auf dem Vormittagsmarkt beim Rathaus, in den lebhaften Fußgängerstrassen, im klassizistischen Caffè Pedrocchi, einem der traditionsreichsten Kaffeehäuser des Landes.

Ausflüge

Burano: Leinen mit bunter Wäsche flattern dem Besucher zur Begrüßung entgegen

 Bahn: etwa stündlich, 30–40 Min. Fahrzeit.

Torcello und Burano

Schon die Anreise durch die Lagune begeistert: Man schaut auf den großen Wasserspiegel, die verstreuten, meist verlassenen Inseln und sieht bei gutem Wetter sogar die Bergsilhouette der Dolomiten. **Torcello** zieht Massen von Touristen an, die vor allem zur eindrucksvollen Kathedrale S. Maria Assunta pilgern. Die Kirche ragt hoch auf der fast verlassenen Insel auf; der Innenraum ist mit Mosaiken des 12./13. Jh. geschmückt, darunter einer figurenreichen Darstellung des »Jüngsten Gerichts«. Neben der Kathedrale steht die romanische Rundkirche S. Fosca aus dem 11. Jh., ein paar Schritte weiter das bekannte, auf Hemingways Spuren gern von Prominenz besuchte Restaurant ›Locanda Cipriani‹. Viel mehr Gebäude gibt es auf der stillen Insel nicht; man kann sich kaum vorstellen, daß sich hier in der Völkerwanderungszeit eine Stadt von 20 000 Einwohnern befand.

Auf der Nachbarinsel **Burano** findet man dann ein fast unwirklich fotogenes Dorf schmucker, farbiger Häuser an kleinen Kanälen. Hier werden traditionell Spitzen gedreht und geklöppelt, und überall bieten die einheimischen Frauen Decken, Taschentücher und Damenunterwäsche zum Verkauf. Kunstinteressierte finden in der Kirche S. Martino eine »Kreuzigung« von Tiepolo.

 Anfahrt: Bootslinien 12,14 ab Fondamenta Nuove, Fahrzeit: 50 Min.
Zwischen Torcello und Burano: ebenfalls Linien 12 und 14, Fahrzeit: 5 Min.

EXTRA-

Fünf Extras in der ›Stadt der Gondeln‹

1. Venedig –
   Hier spielt die Musik
2. Städtische Plätze –
   Zentren des geselligen Lebens

Touren

3. Juden in Venedig – Gang durchs Ghetto
4. Murano – Die Insel des Glases
5. Gondeln, Mode und Masken –
   Eine Einkaufstour durch Venedig

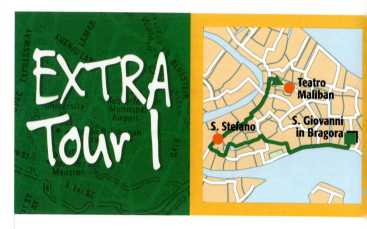

Venedig – Hier spielt die Musik

»Wenn ich ein anderes Wort für Musik suche, so finde ich immer nur das Wort Venedig«, schrieb Friedrich Nietzsche, und das ist mehr als nur eine poetische Gedankenverbindung. Venedig war immer eine Musikstadt. Im 15. Jh. mußte nächtliches Trompetenblasen ausdrücklich durch ein Dekret verboten werden, im 18. Jh. beobachtete ein französischer Reisender: »In jedem Haus wird ein Instrument gespielt und gesungen; überall macht jeder Musik oder hört ihr zu.« Venezianische Instrumentenmacher waren berühmt; die Musikverlage nahmen eine führende Stellung in Europa ein; in Venedig stand das erste öffentlich zugängliche Opernhaus, zeitweise wurden an fünf Theatern gleichzeitig Opern aufgeführt; hier wirkten Komponisten wie Monteverdi, Vivaldi, Albinoni, Marcello.

In der Kirche **S. Giovanni in Bragora** wurde am 6. Mai 1678 Antonio Vivaldi getauft; er wohnte bis zu seinem 28. Lebensjahr im Geburtshaus am gleichen Platz, das man allerdings nicht genau identifizieren kann (eines der Häuser zwischen N. 3805 und 3809). 1703–38 unterrichtete der Komponist am nahegelegenen **Ospedale della Pietà** an der Riva degli Schiavoni. Die *ospedali* waren, anders als der Name vermuten läßt, keine Krankenhäuser, sondern Asyle für sozial Benachteiligte: Kranke, Arme, Alte, Waisen. In den vier wichtigsten *ospedali* erhielten Waisenmädchen Musikunterricht auf hohem Niveau. Im 17. und 18. Jh. waren die venezianischen *ospedali* die einzigen Stätten in Europa, wo Frauen dirigierten und Musikunterricht gaben. Diese Waisenhäuser zogen Berufsmusiker aus anderen Ländern an; sie wurden zum Vorbild für die späteren Konservatorien. Im Ospedale della Pietà studierten unter anderem Domenico Scarlatti und Benedetto Marcello. In der benachbarten **Chiesa della Pietà** führte Vivaldi viele seiner Werke auf. Wenige Schritte entfernt steht das traditionsreiche Hotel **Londra Palace**. Mit dem Blick auf die Lagune komponierte Tschaikowsky hier seine 4. Sinfonie.

Ein weiterer Ort der Musik ist auch der **Markusplatz** – nicht nur wegen der flotten Kaffeehausmusiker, die sich hier quer durchs

Extra-Tour

Im ›Quadri‹ an der Piazza S. Marco: Sightseeing zu internationalen und venezianischen Rhythmen

Unterhaltungsrepertoire spielen. Schon immer sind auf der Piazza Musiker aufgetreten: Die Prozessionen der Dogen waren von Trompetenschall begleitet, Pietro Mascagni hat hier seine »Cavalleria Rusticana« dirigiert, ein Pink-Floyd-Konzert führte 1989 zum völligen Chaos. Richard Wagner konnte sich 1858 einige seiner Ouvertüren in der Fassung des österreichischen Marineorchesters anhören. Zum Ärger des Meisters applaudierte niemand – die Venezianer rührten für die Band der Besatzungsarmee grundsätzlich keinen Finger.

Links von der Markuskirche gelangt man zum **Ponte della Canonica**, wo im Lokal ›Ai Musicanti‹ venezianische Musik gespielt wird – eine ausgesprochene Touristenveranstaltung, aber die Qualität ist meist gut.

Nächstes Ziel ist das Opernhaus **La Fenice**, das nach dem Brand 1996 gegenwärtig wieder aufgebaut wird (s. S. 66). Wenige Schritte entfernt erinnert am **Ponte dei Barcaroli** (Haus Nr. 1830) eine Gedenktafel an Mozarts Venedig-Aufenthalt in diesem Haus vom 11. Feb. bis 12. März 1771.

Auf dem Weg zum Campo S. Stefano findet man in einem Innenhof linker Hand (Calle dello Spezier 1765) das **Musikgeschäft Nalesso** mit einer reichen Auswahl an Noten, Kassetten und CDs speziell zur venezianischen Musik. Von hier geht man in Richtung Rialto-Brücke. Auf dem Weg dorthin hört man nicht selten das Lied eines Gondelsängers, der mit vorzüglicher Stimme leicht eine Flotte von bis zu sechs Booten beschallt. Das Repertoire ist nur zum kleineren Teil venezianisch: Die Touristen hören lieber ›typisch italienische‹ Lieder wie »O sole mio«. Das aber ist neapolitanische Musik – für Venedig so charakteristisch wie Jodeln für Kiel.

Vom Rialto gelangt man zum **Teatro Malibran**, dem einst größten der Stadt. 1678 eröffnet, diente es bis 1747 ausschließlich für Opernaufführungen. Ursprünglich hieß es ›Teatro di S. Giovanni Crisostomo‹. Aber 1835 erntete die Sängerin Maria Malibran in der »Sonnambula« von Bellini solche Triumphe, daß der begeisterte Besitzer sein Theater nach dem Bühnenstar benannte.

Städtische Plätze – Zentren des geselligen Lebens

»Den schönsten Salon der Welt« hat Napoleon den **Markusplatz** genannt – und ihn gleich noch dadurch ›verschönert‹, daß er die alte Kirche S. Geminiano an der Westseite abreißen ließ. Das ist inzwischen längst vergessen, ebenso wie der Einsturz des Glockenturms am 14. Juli 1902. Unbeschadet sind die Cafés – das ›Florian‹, das ›Quadri‹, das ›Lavena‹ – durch die Jahrhunderte gelangt, und ihre Musiker lassen mit Tik-Tak-Polka und Astor Piazzolla die Zeit stillstehen. Durch die Akkordeon- und Geigentöne dringt das Gurren der Tauben, die sich aufführen, als gehöre ihnen der Platz. Nicht zu Unrecht: Sie bleiben da, die Touristen gehen wieder.

Nichts wie weiter – um spät am Abend wiederzukommen, wenn auf S. Marco weniger los ist. Auf dem nahegelegenen **Campo S. Zaccaria** ist es auch tagsüber ruhiger. Ein Blick in das Geschäft von Paolo Rossi (N. 4685), der wunderschöne Imitate historischer Gläser anfertigt. Ein Gedanke an Mozart, der 14jährig von der Nonne Maria Priuli zum Abendessen ins Zaccaria-Kloster eingeladen wurde. Natürlich mit Papa Leopold, denn der Konvent war als sittenlos bekannt. Seine frommen Insassinen, meist Töchter der venezianischen *high society*, genossen ihre Privilegien und trieben, was sie wollten.

Über die Fondamenta dell' Osmarin und die Ruga Giuffa gelangt man in 5 Min. zum hübschen **Campo S. Maria Formosa**. Der weite Platz um die gleichnamige Renaissancekirche diente früher für Stierjagden und Freilicht-Theater. Heute stehen hier ein paar Marktstände, einige Bars, in einer Seitengasse die beliebte Osteria Al Mascaròn (s. S. 37). Ein paar Schritte weiter lockt am **Campo S. Marina** die Pasticceria Didovich zu einer Kuchenpause.

Übrigens: *Piazza* nennt sich in Venedig – im Unterschied zu anderen italienischen Städten – nur der Markusplatz; alle anderen Plätze sind *campi*, was eigentlich ›Felder‹ bedeutet. Doch egal, ob *piazza* oder *campo* – immer sind die venezianischen Plätze Treffpunkte der Einheimischen und Fremden, auf denen geschwatzt, getrunken, gelacht wird.

Extra-Tour ②

Sehr gesellig: Auf der Piazza S. Marco rücken die Tauben den Besuchern oft auf die Pelle

Das zeigt sich besonders deutlich am **Campo S. Bartolomeo** direkt unter der Rialto-Brücke. Hier versammeln sich zu jeder Tageszeit die Einheimischen unter dem Denkmal des Komödiendichters Carlo Goldoni. »Keck, launig, lachend, gehört er unter das Volk, das ihn umgibt«, hat schon Gerhart Hauptmann über den steinernen Dichterkollegen bemerkt. Ein ebenso belebter und beliebter Platz ist der **Campo S. Luca**. Er bewahrte trotz ständigen ›Durchgangsverkehrs‹ einen abgeschlossenen, fast intimen Charakter. Die Konditorei Rosa Salva ist bei den Venezianern beliebt, aber auch die Kuchen des nahegelegenen Bäckerladens Il Fornaio (N. 4579) können sich sehen lassen.

Über den Campo Manin mit dem unschönen modernen Sparkassengebäude und den Campo S. Angelo, wo im gotischen Palazzo N. 3584 der Komponist Domenico Cimarosa lebte und starb, erreicht man den ausgedehnten **Campo S. Stefano**, wiederum ein Treffpunkt ersten Ranges. Der Schriftsteller Niccolò Tommaseo, ein Widerstandskämpfer gegen die österreichische Fremdherrschaft im 19. Jh., blickt von seinem Denkmalssockel auf ein reges Treiben – vor allem in den Cafés und der beliebten Eisdiele Paolin.

Noch Lust und Kraft für weitere *campi?* Zwei der schönsten warten am anderen Ufer des Canal Grande, 15–20 Fußminuten entfernt. Der **Campo di S. Margherita** ist vormittags Schauplatz eines kleinen Fisch- und Gemüsemarkts, abends Zentrum des studentischen Lebens. In den vielen kleinen Cafés und Eisdielen um den Platz kann man sich aber zu jeder Tageszeit wohlfühlen. Und der **Campo S. Polo**, zweitgrößter Platz der Stadt nach der Piazza S. Marco, erfreut mit seinen Bäumen (eine Seltenheit im steinernen Venedig), seiner Weiträumigkeit, den spielenden Kindern. Hier kann man lange ausruhen, Bänke stehen da – und selbstverständlich wieder ein Café...

Juden in Venedig – Gang durchs Ghetto

Wie viele andere Handels- und Hafenstädte – Amsterdam und Hamburg, London und Livorno – war Venedig kosmopolitisch und relativ tolerant. So wurde es im Mittelalter ein bevorzugter Zufluchtsort der Juden, die sich hier vor ihren christlichen Mitbürgern weniger zu fürchten brauchten als anderswo. Allerdings unterwarf auch die Republik Venedig die Juden besonderen Vorschriften und diskriminierenden Gesetzen. Viele Berufszweige waren ihnen verschlossen. Alle fünf Jahre mußten sie gegen hohe Gebühren eine Verlängerung der kollektiven Aufenthaltserlaubnis erkaufen. Und: Sie waren gezwungen, in einem eigenen Viertel zu leben, das sie nur tagsüber verlassen durften. Abends um elf wurden die Tore verschlossen; wer sich dann noch außerhalb des Ghettos aufhielt, wurde hart bestraft.

Ähnliche Regeln galten allerdings in Venedig generell für fremde Volksgruppen. Man versuchte, auch Deutsche, Türken, Griechen unter Aufsicht zu halten. Sondersteuern aber wurden ihnen nicht abverlangt. Zudem lebten die Juden auf besonders engem Raum. Im 16. Jh. wohnten immerhin 5000 von ihnen in Venedig, gut 3% der Gesamtbevölkerung. Ausnahmslos siedelte man sie in einem kleinen Bereich im Nordwesten der Stadt an, in der Nähe des heutigen Bahnhofs. Nirgendwo in Venedig wurden die Häuser so hochgezogen wie hier – nur in fünf- oder sechsstöckigen Bauten war die Masse der Bewohner unterzubringen.

Heute ist das Ghetto kein eigentliches jüdisches Viertel mehr. Zwar leben noch rund 600 Juden in Venedig; aber nur 30 von ihnen wohnen in diesem Bezirk. Man betritt ihn von der Fondamenta di Cannaregio durch den Sottoportego del Ghetto Vecchio. Linker Hand befindet sich das **Restaurant Gam-Gam** (Sottoportego del Ghetto Vecchio, Cannaregio 1122, Tel. 04171 75 38, Fr und Sa geschlossen), in dem vorwiegend jüdischen Besuchern aus aller Welt koschere Speisen serviert werden. Gleich darauf hängt am **Haus Nr. 1131** eine **steinerne Tafel** von 1704 mit einem Dekret des Senats, das jüdischen Konvertierten verbietet, die Häuser des Ghettos zu

Extra-Tour 3

Stille Gassen und ruhigere Gewässer: Im venezianischen Ghetto

betreten; zur Abschreckung drohte man drakonische Strafen an. Juden, die zum Christentum übertraten, mußten jeden engeren Kontakt zu ehemaligen Glaubensgenossen aufgeben. Damit wollte die venezianische Regierung Scheinübertritte verhindern.

Am folgenden Campo del Ghetto Vecchio stehen die **levantinische** und die **spanische Synagoge**. Sie wurden von den sogenannten Sephardim errichtet, d. h. Juden, die nach der Vertreibung aus Spanien 1492 entweder direkt oder auf dem Umweg über Nordafrika und die Türkei nach Venedig gelangten. Über den Ponte del Ghetto Vecchio gelangt man auf den Campo del Ghetto Nuovo. Hier stehen das **Museum jüdischer Kunst** (s. S. 73) und die **italienische, französische** und **deutsche Synagoge**. Das kleine Museum zeigt vor allem Kultgegenstände. Von hier aus sind auf einem geführten Rundgang die Synagogen zugänglich (Führungen auf italienisch und englisch). Während die spanische und die levantinische Synagoge groß und prunkvoll eingerichtet sind, befinden sich die schlichten Gebetshäuser der Italiener, Franzosen und Deutschen in Privathäusern. Paradoxerweise heißt dieser älteste Teil des Ghettos ›Ghetto Nuovo‹.

Der Begriff ›Ghetto‹, der später für alle Judenviertel verwandt wurde, stammt aus Venedig. Man nimmt an, daß er auf *gettare* zurückgeht: auf den italienischen Begriff für das Schmelzen von Metallen, denn in dieser Gegend standen mehrere Waffenfabriken. Interessanterweise wurde *gettare* deutsch ausgesprochen (mit ›g‹ statt italienisch ›dsch‹). Als das Ghetto um 1520 eingerichtet wurde, stammte die Mehrzahl der venezianischen Juden aus Deutschland. Judenverfolgungen gab es in Venedig nie – bis zum Dezember 1943, wenige Monate nach der Machtübernahme der Deutschen in Norditalien. Damals zählte die jüdische Gemeinde in Venedig 1200 Mitglieder. Etwa 200 von ihnen wurden in Konzentrationslager verschleppt und ermordet. Die anderen konnten sich retten; manche flohen rechtzeitig, viele versteckten sich mit Hilfe von Freunden und Verwandten bis zum Kriegsende.

Murano – Die Insel des Glases

Hongkong und Singapur machen Konkurrenz – aber noch immer gibt es auf Murano Dutzende von Glasmanufakturen. Seit 700 Jahren ist Murano-Glas ein Qualitätsbegriff. 1292 bestimmte der venezianische Senat, daß Glaswerkstätten nur noch auf dieser Insel stehen dürften – angeblich wegen der Brandgefahr in Venedig, in Wirklichkeit wohl eher, weil man durch die Konzentration der Betriebe die Handwerker besser kontrollieren konnte. Denn die Produktionsverfahren waren alles andere als ›gläsern‹: Sie galten als Staatsgeheimnis. Auf ihren Verrat stand Gefängnis oder sogar die Todesstrafe. Die Glasbläser hatten viele Privilegien und ein strenges Verbot: Sie durften auf keinen Fall auswandern. Der venezianische Geheimdienst setzte ihnen andernfalls nach, um sie noch im Ausland zu eliminieren.

Das Spektrum der Glas-Objekte ist unendlich groß: Vom riesigen Kristallüster reicht es bis zum Mini-Seepferdchen oder den kleinen Glasperlen, den *margarite*. Die waren früher viel wert: Die venezianischen Kaufleute tauschten damit Gewürze und Seide im Orient ein. Edle Damen hängten Tausende solcher Perlen an ihre Roben. Das **Glasmuseum** im **Palazzo Giustinian** (Museo Vetrario, Fondamenta Giustinian, April–Okt. Do–Di 10–16.30, Nov.–März Do–Di 10–15.30 Uhr) zeigt die ganze Fülle der Glaskunst aus vielen Jahrhunderten. Unter den rund 4000 Exponaten sind Lüster, Lampen, Teller, Gläser, Schalen, aber auch Spiegel (die in Venedig erfunden wurden), Reliquienbehälter, Skulpturen... Prunkstück der Sammlung ist die »Coppa Barovier«, eine Hochzeitsschale aus tiefblauem Glas mit Email-Dekoration und den Köpfen des glücklichen Paars. Andrea Barovier hat sie um 1480 geschaffen. Die meisten Ausstellungsgegenstände wurden in Murano gefertigt, daneben sind aber auch ägyptische, römische, spanische und böhmische Objekte zu sehen; besonders interessant wirken die zeitgenössischen Glas-Kunstwerke.

Als einer der ertragreichsten Produktionszweige genoß das Glasbläserhandwerk in Venedig immer eine privilegierte Stellung. Die Glaser hatten eine eigene

Extra-Tour 4

In Murano ist alles aus Glas: Auch die süßen Trauben hängen nicht zu hoch

Selbstverwaltung; die Zunftmitglieder durften sich wie die Adligen in ein besonderes ›Goldenes Buch‹ eintragen. Sozialvorschriften waren selbstverständlich. Für die Arbeiter gab es Kündigungsschutz, Renten, arbeitsfreie Monate; die Kinder der Glaser besuchten eigene Schulen. Die Glaser waren zudem die einzigen Bürger, deren Töchter problemlos in das Patriziat einheiraten konnten. Normalerweise verlor ein Adliger, der eine Bürgerliche ehelichte, seine gesellschaftlichen Privilegien; nur bei Glasertöchtern galt die harte Regel nicht.

Vom Museum lohnt der kurze Abstecher zur romanischen Kirche **SS. Maria e Donato**. Die eleganten Apsiden springen sofort ins Auge. Im Innenraum begeistern das Marien-Mosaik aus dem 15. Jh. und der ungewöhnliche Mosaikfußboden mit Tierdarstellungen.

Über die Fondamenta Cavour und den Ponte Vivarini gelangt man zu den **Fondamenta dei Vetrai**, dem ›Ufer der Glasbläser‹, wo sich noch heute die meisten Werkstätten befinden. Hier steht auch der Dom **S. Pietro Martire** aus dem 14.–16. Jh. – natürlich mit großen Glaslüstern im Innenraum. Sehenswert ist auch das farbenfrohe Bild der »Madonna mit Heiligen« von Giovanni Bellini. Die Glasmanufakturen, die sich in diesem Gebiet konzentrieren, sind fast ausnahmslos für Besucher geöffnet. Man kann – ohne jeden Kaufzwang! – den Handwerkern dabei zusehen, wie sie die rotglühenden Glasbälle aufblasen, auseinanderziehen, mit Zangen formen und dann abkühlen lassen.

Übrigens: Murano bietet, vom Glas einmal abgesehen, auch viele atmosphärische Reize. An vielen Stellen wirkt es wie ein ins ›Proletarische‹ übersetzte Venedig, mit einfachen Häusern und schlichten Gassen statt der vornehmen *palazzi*. Doch auch hier wölben sich geschwungene Brücken übers Wasser, tuckern Boote durch die Kanäle, hört man die hallenden Schritte der Fußgänger...

Bootslinie 52 ab Piazzale Roma, Bahnhof, Fondamenta Nuove; 12, 14 ab Fondamenta Nuove, Fahrtzeit: 10 Min.

Gondeln, Mode, Masken – Eine Einkaufstour durch Venedig

Die Einkaufsmöglichkeiten in Venedig sind unerschöpflich. Die Traditionen des Kunsthandwerks blühen, oft in den interessantesten modernen Variationen. Und die starke Nachfrage durch die Touristen trägt dazu bei, daß Venedig eine Fülle reizvoller Läden aufweist wie gewiß keine andere Kleinstadt. Eine Original-Gondel werden Sie sich kaum leisten wollen (Stückpreis: 50 000 DM), aber vielleicht ein Gondelteil als Kunstwerk? Der Tischler Giuseppe Carli hatte vor vielen Jahren die geniale Idee: Die Halterungen, in denen die *gondolieri* ihre Ruder abstützen, sind – für sich betrachtet – abstrakte Skulpturen. Seither schuf Carli Plastiken aus diesen *forcole*. Inzwischen hat sich der Mann zurückgezogen, doch sein Mitarbeiter und Nachfolger Saverio Pastor fertigt weiterhin die Gondel-Kunstwerke im **Spazio Legno**, in der Nähe des Arsenals (Castello 3865, Fondamenta del Tintor, Tel. 04 15 22 56 99).

Nur wenige Schritte schafft **Alessandro Merlin** in seiner Töpferei (Castello 3876, Calle del Pestrin, Tel. 04 15 22 58 95) originelle Kreationen mit erotischem Touch.

Über die Uferpromenade Riva degli Schiavoni oder durch das Gassengewirr bei S. Giorgio dei Greci gelangt man zum Campo S. Zaccaria. In der nahegelegenen Calle S. Provolo bietet **Anticlea Antiquariato** (Castello 4719/A) ein ästetisches Durcheinander aus Porzellanfiguren, Gläsern, alten Bildern, Keramik und einer Riesenauswahl an Glasperlen. Nicht weit entfernt findet man bei **E. Kerer** (Castello 4719/A, Calle Canonica, Tel. 04 15 23 54 85) noch handgearbeitete Spitzen und handbestickte Tisch- und Bettwäsche.

Die meisten Stoffe werden heute allerdings in China hergestellt, denn in Venedig und auf den Inseln der Lagune gibt es kaum noch Frauen, die zwei oder drei Monate an einem Tuch arbeiten.

An der Nordseite der Markuskirche haben zwei der renommiertesten Glasfirmen Muranos ihre Läden.

Extra-Tour

Traditionelles Handwerk: Auf den *squere* kann man den ›Gondelmachern‹ über die Schulter schauen

Pauly (S. Marco 317, Piazzetta dei Leoncini, Tel. 04 15 20 98 99) verkauft klassische und gemäßigt moderne Murano-Kreationen. **Venini** (S. Marco 314, Piazzetta dei Leoncini, Tel. 04 15 22 40 45) bietet modernes Glas-Design von vollendeter Eleganz.

Über den Markusplatz, die Salizada di S. Moisé, die Via XXII Marzo geht es zum Campo S. Maurizio. Ganz in der Nähe tönt Musik aus einem Innenhof: Das Musikgeschäft **Nalesso** (S. Marco 2765/d, Calle del Spezier, Tel. 04 15 20 33 29) bietet eine große Auswahl an Noten und CDs. Am angrenzenden Campo S. Stefano lohnt der Laden des Handwerkers **Gianni Cavalier** den Besuch (S. Marco 2863/a, Campiello Loredan, Tel. 04 15 23 86 21): Er ist auf Rahmen und Vergoldungen spezialisiert und stellt auch hübsche Putten her. An der anderen Seite des Platzes findet man bei **Alberto Valese** (S. Marco 3471, Campiello S. Stefano, Tel. 04 15 20 09 21) handgeschöpftes Papier mit schönen farbigen Motiven.

Vom Campo S. Stefano geht die Calle de le Boteghe ab, in der sich viele Galerien und Antiquariate befinden, darunter das noble Geschäft **Antiquus** (S. Marco 3131, Tel. 04 15 23 25 01, s. S. 44). In der anschließenden San Samuele geht es weiter mit den Kunstläden. **Luigi Benzoni** (S. Marco 3339, Tel. 04 15 28 16 60) stellt interessante Glasskulpturen und Gemälde aus, der Holzbildhauer Livio de Marchi (S. Marco 3157/A, Tel. 04 15 28 56 94) produziert originelle Plastiken: überdimensionale hölzerne Krawatten, Handschuhe, Einkaufstaschen u. ä.

Zurück zum Campo S. Stefano und über die Accademia-Brücke auf die andere Seite des Canale Grande. Vor der Accademia-Galerie rechts und den nächsten Kanal wieder nach rechts überquert, finden Sie ein Riesenangebot an Büchern – viele davon herabgesetzt – in der **Libreria Toletta** (Dorsoduro 1214, Calle della Toletta, Tel. 04 15 23 20 34). Vor der Accademia links, gelangt man über die Piscina del Forner zur Calle della Chiesa, wo Hélène Ferruzzi in dem Laden **Norelene** (Dorsoduro 727) wunderschöne handbedruckte Stoffe verkauft.

Impressum/Fotonachweis

Fotonachweis

Titel: Auf Venedigs Kanälen
Vignette S. 1: Café-Szene mit Touristin
S. 2/3: Gondeln an der Riva degli Schiavoni,
   im Hintergrund S. Giorgio Maggiore
S. 4/5: Im Taubengewirr auf der Piazza S. Marco
S. 26/27: An der Mole der Pescaria di S. Bartolomeo

Klein, Dieter/Laif, Köln   Titelbild, Vignette, S. 4/5, 10, 40/41, 62, 77, 93
Schwerberger, Michael/Das Fotoarchiv., Essen   S. 20/21, 50/51, 53, 80
Wrba, E., Sulzbach   S. 2/3, 6/7, 8 (links), 8/9, 9 (rechts), 26, 27, 30, 32, 35, 36/37, 42, 46, 47, 59, 67, 69, 70/71, 72, 85, 89, 91
Zanettini, Fulvio/Laif, Köln   65, 81, 87

Kartographie: Berndtson & Berndtson Productions GmbH,
Fürstenfeldbruck
© DuMont Buchverlag

Alle in diesem Buch enthaltenen Angaben wurden vom Autor nach bestem Wissen erstellt und von ihm und dem Verlag mit größtmöglicher Sorgfalt überprüft. Gleichwohl sind inhaltliche Fehler nicht vollständig auszuschließen. Ihre Korrekturhinweise und Anregungen greifen wir gern auf. Unsere Adresse: DuMont Buchverlag, Postfach 101045, 50450 Köln. E-Mail: reise@dumontverlag.de

---

Die Deutsche Bibliothek – CIP-Einheitsaufnahme
Hennig, Christoph :
Venedig / Christoph Hennig. – Ausgabe 1999.
Köln : DuMont, 1998
   (DuMont Extra)
   ISBN 3-7701-4694-8

Grafisches Konzept: Groschwitz, Hamburg
© 1998 DuMont Buchverlag, Köln
Ausgabe 1999
Alle Rechte vorbehalten
Druck: Rasch, Bramsche
Buchbinderische Verarbeitung: Bramscher Buchbinder Betriebe
ISBN 3-7701-4694-8

Register

Accademia (D 6) 54
Accademia Villa Maravege (C 6) 25
Agli Alboreti (D 7) 25
Ai Musicanti (F 5) 54
Ai Postali 49
Al Covo (H 5/6) 39
Al Mascaròn (G 4) 37
Al Nono Risorto (E 9) 32
Al Paradiso Perduto (E 2) 50f.
Al Profeta (H 6) 33
Al Tempio del Paradiso (F 4) 41
Alex (D 4) 22f.
Alibi (E 3) 49
All' Altanella (D 8) 35
Alla Madonna (E 4) 34
Alla Zucca (D3) 37f.
American (D 7) 27
Anreise 17f.
Antica Besseta (C 3) 38
Antica Casa Carettoni (C 3) 23
Antiche Carampane (E 4) 35f.
Antico Capon (C 5) 23
Antiquitäten & Kunst 44
Arsenal (J 5) 60f.
Ausflüge 78ff.
Auskunft 16
Behinderte 19
Bentigodi (C 8) 31f.
Biblioteca Marciana (F 6) 61
Bistrot (F 5) 42, 49
Boldrin (E 11) 32
Brenta-Villen 78
Burano 81
Ca' d' Oro (E 3) 61
Ca' Rezzonico (C 6) 61
Café Blue (F 7) 29
Campeggio Marina di Venezia 29
Canal Grande 75ff.
Caneva (F 5) 23
Cannaregio (A/D 5–D/E 12) 58
Capitan Uncino (D 8) 36
Caprera (C 3) 23f.
Casa Bocassini (F 3) 24
Casa di J. Tintoretto (E 2) 61f.
Casa di Marco Polo (F 4) 61
Casa Linger (H 5) 24
Casino Municipale (außerh.) 54
Castello (D/G 12–F/L 18) 58
Causin (C 5) 42
Chiesa dei Gesuati (J 8) 66
Chioggia (F 6) 42f.
Chioggia 79
Cico Bar (F 9) 43
Cimitero Comunale (G/H 1/2) 75
Cipriani (G 7) 39f.
Collezione Peggy Guggenheim (D/E 6) 71
Corte Sconta (H 5) 38

Da Bes – Tre Spiedi (F 4) 33f.
Da Còdroma (B 6) 49f.
Da Ignazio (D 5) 36
Da Sergio (F 4) 33
Da Silvio (F 7) 33
Devil's Forest (F 4) 48
Dogenpalast (F/G 5/6) 62f.
Dorsoduro (G 4–7, H 4–8, J/L 4–12) 58
Dott. Jazz e Mr. Funk (C 5) 50
Draußen sitzen 51
Du Champ (C 5) 51
Einreise 17
Enoteca (D 2) 48
Essen und Trinken 30ff.
Extra-Touren 82ff.
Feiertage 55
Feine Fluchten 49
Feste und Festivals 52f.
Fiaschetteria Toscana (F 4) 38
Firenze (F 6) 27
Flora (E 6) 28
Florian (F 5) 43
Foresteria Valdese (G 4) 29
Freizeit & Fitness 56f.
Galerien 53
Galleria Contini (D 6) 53
Galleria dell' Accademia (D 6) 72
Galleria Franchetti (E 3) 72
Geschichte 10f.
Giardini Pubblici (K 7) 75
Glas 44
Glücksspiel 54
Gondelwerft S. Trovaso (C 7) 63f.
Gran Caffè Quadri (F 5) 43
Green Pub (C 5) 51
Gut zu wissen 12f.
Haig's (Il Gigio, E 6) 49
Harry's Bar (F 6) 43
Hesperia (C 2) 25
Hosteria da Franz (K 7) 38
Hotels 22ff.
Iguana (E 2) 40f.
Il Caffè (C 5) 42
Il Capricorno (E 6) 53
Il Doge (G 7) 43
Kinder, Unternehmungen 57
Kino 54
Kirchen 66ff.
Kneipen/Typische Lokale 48f.
Kultur und Unterhaltung 52ff.
L' Incontro (C 5) 36f.
L' Olandese Volante (F 4) 51
La Boutique del Gelato (F 11) 43
La Calcina (D 7) 25
La Caravella (E 6) 39
La Residenza (H 5) 26
Lavena (F 5) 43

Register

Lebensmittel 45
Lido 78f.
Locanda Fiorita (D 5) 24
Lokale mit Livemusik 49f.
Maddalena (Insel Mazzorbo) 34
Madonna dell' Orto (E 1/2) 66
Markt 45
Martini Scala (E 6) 49
Masken 45f.
Metropole (G 5) 28f.
Mitwohnzentrale (F 10) 29
Mode 46
Monaco & Grand Canal (F 6) 29
Montin (C 6) 34
Moriòn (H 4) 50
Mulino Stucky (B 7) 64
Murano (Sonderkarte) 90
Museen 71ff.
Museo Archeologico (F 6) 72f.
Museo Correr (F 6) 73
Museo d' Arte Ebraica (C 2) 73
Museo d' Arte Moderna (E 3) 73
Museo dei Dipinti Sacri (G 5) 73
Museo del Settecento Veneziano (C 6) 73
Museo Fortuny (E 5) 73f.
Museo Storico Navale (J 6) 74
Musik 47
Musik/Konzerte 54f.
Nightlife 48ff.
Notti d' Oriente (E 2) 41
Öffentlicher Nahverkehr 18f.
Old Well Pub (C 4) 49
Olimpia (F 5) 54
Oper 55
Orientierung 13
Ostello per la Gioventù (F 8) 29
Osteria da Fiore (D 4) 40
Padua 80
Paganelli (G 5) 26
Palazzo Contarini del Bovolo (E 5) 64
Palazzo Ducale s. Dogenpalast
Palazzo Vendramin-Calergi (D 3) 64
Papier 47
Parks und Gärten 75
Pausania (C 6) 28
Pellestrina 79
Piccolo Mondo (D 6) 49
Pietà (G/H 5) 66
Pinacoteca Querini Stampalia (G 5) 74
Poste Vecie (E 4) 38f.
Prokuratien (F 5) 64f.
Reise-Service 16ff.

Reisezeit 16f.
Rendentore (E 8) 66f.
Rialto-Brücke (F 10) 65f.
Romano 35
Rossi (C 2/3) 24
S. Alvise (D 1) 67
S. Croce (D/E 4–9, F 4–6) 59
S. Francesco della Vigna (H 4) 67
S. Giorgio dei Greci (G 5) 67
S. Giorgio Maggiore (G 7) 67f.
S. Gregorio Art Gallery (E 6) 54
S. Marco (F 5) 68
S. Marco (F 10–11 bis H 8–11) 59
S. Maria Assunta dei Gesuiti (F 2/3) 68
S. Maria dei Miracoli (F 4) 69
S. Maria della Salute (E 7) 69f.
S. Maria Formosa (G 5) 68f.
S. Maria Gloriosa dei Frari (C 5) 69
S. Polo (D 4) 70
S. Polo (E 8–10, F7–10) 59
S. Salvatore (F 5) 70
S. Sebastiano (B 6) 70f.
S. Zaccaria (G 5) 71
San Cassiano (E 3) 28
San Zulian (F 5) 26
Santa Chiara (B 4) 28
Schmuck 47
Scuola di S. Giorgio degli Schiavoni (H 5) 74
Scuola Grande di S. Rocco (C 5) 75
Scuola Grande di S. Marco (G 4) 66
Scuola Grande di S. Maria dei Carmini (B 5/6) 75
Seguso (D 7) 27
Shopping 44ff.
Shri Ganesh (C 4) 41
Sightseeing 58ff.
Sprachführer 14f.
SS. Giovanni e Paolo (G 4) 71
Stoffe 47
Teatro Avogaria (B 6) 55
Teatro Fondamenta Nuove (G 3) 55
Teatro Goldoni (E 5) 55
Teatro La Fenice (E 6) 55, 66
Teatro Malibran (E 11) 55
The Fiddler's Elbow (D 10) 48
Theater 55
Torcello 81
Trattoria Ai Squeri (F 14) 33
Venice Design Art Gallery (F 6) 55
Villa Foscari/Malcontenta 78
Villa Pisani 78
Villa Widmann-Foscari 78
Vini da Gigio (E 3) 39